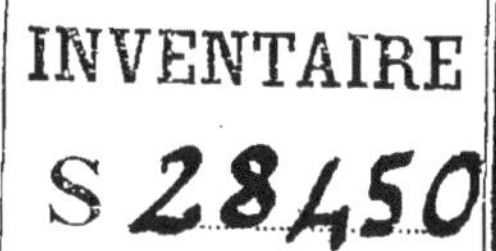

LIVRE

DES

HABITANTS DES CAMPAGNES

PAR

MM. HERVÉ ET MULLOIS

DEUXIÈME ÉDITION

Prix : 90 c. franco

PARIS

ÉMILE PONGE,

GÉRANT DE LA *BIBLIOTHÈQUE DE TOUT LE MONDE*

Rue de l'Université, 12

PÉRISSE, RÉGIS-RUFFET, S[r]
38, rue Saint-Sulpice

LYON
Même Maison, 49, rue Mercière

1861

LE LIVRE

DES

HABITANTS DES CAMPAGNES

PAR

M. LOUIS HERVÉ ET M. L'ABBÉ MULLOIS

Premier Chapelain de la Maison de l'Empereur

DEUXIÈME ÉDITION

Prix : 1 franc

PARIS

ÉMILE PONGE GÉRANT

DE LA *BIBLIOTHÈQUE DE TOUT LE MONDE*

12, RUE DE L'UNIVERSITÉ

PÉRISSE, RÉGIS-RUFFET, Sr, 38, rue Saint-Sulpice. | LYON, Même Maison, rue Mercière, 49.

1861

LE LIVRE

DES

HABITANTS DES CAMPAGNES

PREMIÈRE PARTIE

COURS D'AGRICULTURE PRATIQUE

PAR

M. LOUIS HERVÉ

PRIX : 50 CENTIMES

PARIS

ÉMILE PONGE GÉRANT

DE LA *BIBLIOTHÈQUE DE TOUT LE MONDE*

12, RUE DE L'UNIVERSITÉ

PÉRISSE, RÉGIS-RUFFET, S[r],
38, rue Saint-Sulpice.

LYON,
Même Maison, rue Mercière, 49.

1861

Imprimerie de L. Toinon et Cie, à Saint-Germain-en-Laye.

PRÉFACE

Un double fléau qu'il importe d'extirper de nos mœurs actuelles, c'est l'abandon du sol par ceux qui le possèdent et l'ignorance de leur métier chez ceux qui le cultivent.

L'agriculture, ce noble métier, qui ouvre une carrière si honorable et si paisible au savoir et à l'intelligence, et si fructueuse à l'activité des bras, est encore considérée comme un travail purement matériel, grossier, étranger à la science et à la vie bourgeoise. Délaissée par les gens aisés et instruits, elle est abandonnée à de pauvres familles que le manque d'instruction et de capitaux condamne à de ruineuses routines et qui restent étrangères aux procédés les plus élémentaires de l'art agricole.

Chose surprenante! le peuple français, réputé le plus intelligent de l'Europe, est le dernier de tous en agriculture.

La Belgique, l'Angleterre et l'Allemagne nourrissent une tête de bétail par hectare, tandis que nous en possédons une par trois hectares; elles recueillent 25 hectolitres de blé là où nous en récoltons 12 ou 15; elles emploient un capital de 500 fr. par hectare cultivé, lorsqu'en France ce capital est en moyenne de 120 à 150 francs.

Et pourtant, notre pays est certainement le plus favorisé de tous par le climat et la composition du sol. Aucune contrée de l'Europe ne lui est supérieure pour la fécondité, aucune ne l'égale pour la variété des produits.

Ajoutons que le haut prix de toutes les denrées, dû à l'insuffisance de la production et à l'active circulation des chemins de fer, permet au cultivateur intelligent d'écouler tous les produits de sa terre à des prix avantageux.

Pourquoi la quitter, cette bonne terre qui, moyennant un peu de travail et de savoir-faire, offre à tous ses enfants une vie heureuse et paisible, pour aller s'exposer aux chômages, aux maladies, aux concurrences, à tous les fléaux qui assiégent les masses laborieuses des grandes villes?

Ah! qu'on le sache, enfin, ou du moins qu'on se donne la peine de l'étudier, la culture rationnelle n'est ni longue à apprendre ni difficile à pratiquer.

Sans nous lancer dans les expériences de l'agronomie transcendante, nous venons offrir à l'humble chaumière, comme à la grande métairie, des procédés simples et pratiques, d'un succès assuré et constant, point coûteux surtout, au moyen desquels tous ceux qui ont une terre à cultiver peuvent, sans l'épuiser, en tirer un revenu deux et trois fois supérieur à celui que produit la culture routinière.

L'élève des bestiaux, des porcs et des animaux de basse-cour, la culture des arbres à fruits, des légumes maraîchers, des plantes industrielles, l'élève des abeilles, etc., constituent autant de spécialités où le petit cultivateur peut, avec des moyens très-bornés, et proportionnés à sa condition, prospérer aussi sûrement que le possesseur d'une grande ferme.

C'est surtout à la classe des petits cultivateurs, la plus nombreuse et la plus intéressante de toutes en France, que nous adressons ce modeste traité.

Si les conseils qu'il contient étaient répandus et mis à leur portée, nous ne doutons pas qu'une amélioration considérable n'en fût le résultat immédiat, et que, grâce aux progrès des méthodes de culture, l'aisance générale n'arrêtât bientôt ce déplorable mouvement d'émigration, qui dépeuple nos campagnes pour encombrer nos villes de multitudes déclassées et misérables.

Nous avons eu surtout à cœur d'être clair, précis et catégorique dans l'exposé de nos méthodes et recettes de culture; nous voulons qu'il n'y ait pas un seul ménage rural qui n'en puisse tirer quelque avantage.

C'est par les notabilités locales que nous désirons être présentés en cette qualité au public que nous cherchons à éclairer. MM. les propriétaires, maires, curés, instituteurs, etc., qui comprennent le bienfait souverain du progrès agricole, voudront bien, nous l'espérons, se faire nos propagateurs et nous annoncer comme un ami éprouvé et un hôte de bon conseil aux fermiers et cultivateurs qu'ils assistent de leurs avis et de leurs encouragements.

Enfin, nous voulons être le conseiller de l'âme de nos lecteurs, en même temps que nous cherchons à améliorer leur existence matérielle. Une seconde partie est consacrée à les affermir dans la vérité religieuse et dans l'amour des vertus qui en sont le fruit.

Puisse cette double tentative obtenir le succès auquel nous aspirons : le progrès des âmes dans le bien, et celui de l'aisance matérielle au sein des familles rurales (1).

(1) L'auteur adresse gratuitement aux abonnés du *Messager de la Charité* tous les renseignements qu'ils désirent relativement aux objets qui intéressent l'agriculture et le jardinage, et il se charge de leur faire expédier ces objets aux meilleures conditions de bon marché et de bon emploi : machines, outils perfectionnés, plantes, semences, engrais, livres-manuels, etc. (Écrire *franco* à M. Hervé, rue de l'Ancienne-Comédie, 28.)

LE LIVRE

DES

HABITANTS DES CAMPAGNES

COURS D'AGRICULTURE

I. — PRINCIPES.

L'agriculture est l'art de faire produire à la terre le plus abondamment, et aux moindres frais possibles, les plantes et les animaux utiles à la vie humaine.

La terre et l'air sont l'atelier du cultivateur. Toutes les plantes sont le produit de ces deux éléments unis. Leurs racines se nourrissent de certains sels invisibles dans la terre, combinés avec l'eau, l'air, la lumière et la chaleur; les tiges et les feuilles aspirent dans l'air les gaz qui leur conviennent spécialement.

Pour que la terre nourrisse de ses sucs les plantes qu'elle porte, il faut donc que l'air, la chaleur et l'humidité la pénètrent dans de certaines proportions et y circulent aisément.

C'est dire qu'il faut :

1° Qu'elle soit toujours bien labourée et toujours bien ameublie ;

2° Que les sucs propres à nourrir les plantes y subsistent naturellement, ou y soient déposés par l'engrais au fur et à mesure que les végétaux se les approprient.

Dans une terre trop humide, l'air et la chaleur manquent aux plantes, comme dans les sols marécageux.

Dans une terre trop sèche, les sucs de la terre ne sont point dissous et les racines se dessèchent faute de nourriture.

Les sols les plus fertiles, c'est-à-dire les mieux pourvus de substances propres à nourrir les plantes, sont les sols d'alluvion, formés des dépôts accumulés dans les plaines et les vallées par les grands débordements des fleuves et des rivières, ou par les eaux torrentielles descendues des hauteurs.

Les cours d'eau provenant des pays boisés, et qui charrient un limon chargé de matières végétales, peuvent enrichir les terres qui les avoisinent, si au moyen de barrages on les fait inonder à propos. Ces eaux forment une alluvion composée de terres mélangées, très-riches en débris végétaux et en *humus*.

On nomme *humus*, ou terre végétale, une terre noirâtre et fine, surchargée de débris organiques, soit animaux, soit végétaux. L'humus est si fertile, que toutes les plantes y poussent sans qu'il soit besoin de fumer ; c'est la terre à jardin proprement dite.

Mais les terres d'alluvion et l'humus ne sont qu'une exception sur la surface de notre globe. Généralement la masse du sol cultivable ne devient fertile qu'à l'aide de travaux pénibles, d'amendements et de fumiers abondants dont nous allons parler plus loin.

D'abord les terres cultivables se présentent à nous sous trois formes principales :

1° Terres *argileuses*, où domine l'argile. L'argile est une terre grasse, compacte, rougeâtre, difficile à travailler, et qui retient longtemps l'eau à sa surface;

2° Terres *calcaires*, où dominent la chaux, la marne, la craie, etc., d'une couleur blanchâtre; elle est également peu pénétrable à l'eau;

3° Terres *siliceuses* ou *sableuses*. Ces terres, qui ressemblent à du sable, sont légères et s'émiettent sans peine, mais elles sont arides et s'échauffent promptement ; l'eau les traverse sans s'y arrêter.

Ces diverses terres sont rarement pures de mélange. Ainsi nous trouvons des terres où l'argile est mêlée au calcaire, dites *marneuses;* d'autres composées d'argile et de sable : on les dit *argilo-siliceuses* ou argilo-sableuses.

Toutes ces terres sont cultivables lorsqu'elles forment une couche assez profonde ; l'essentiel est d'y cultiver les produits auxquels elles sont favorables.

Au reste, on peut corriger la composition défectueuse d'un sol. C'est ainsi qu'on améliore une terre argileuse en y mêlant de la marne, et une terre sablonneuse en y ajoutant de l'argile. Ces travaux s'appellent amendements.

Les engrais, dont nous parlerons plus loin, sont un moyen efficace et plus courant d'améliorer les terres. Ainsi un terrain trop léger et trop sec, fumé avec des engrais liquides ou très-mouillés, s'affermira peu à peu et deviendra plus frais.

Si la terre est humide et retient trop les eaux, on la labourre en billons, dans le sens de sa pente ; on y fait des fossés pour l'écoulement des eaux ; le mieux est de la drainer, c'est-à-dire d'y creuser des tranchées au fond desquelles on placera des tuyaux de drainage espacés de 10 mètres en 10 mètres, recouverts de cailloux ou de gravier, à une hauteur de 15 à 20 centimètres. L'eau s'écoulera le long de ces tuyaux et ira se déverser dans un fossé destiné à la recueillir au bas du champ. On fait à ces terres l'équivalent du trou percé au fond des pots à fleurs. Pourquoi ce trou, en effet? Pour que l'eau et l'air circulent dans la terre qui nourrit les racines de la plante.

Eh bien, le drainage remplit exactement le même office dans les terres humides. Ces terres, en retenant l'eau à la surface, interceptent la chaleur et la lumière dont les racines ont besoin, et l'eau qui croupit pourrit la plante au lieu de la développer.

Car tenez pour règle certaine en agriculture : toute eau qui croupit est funeste, toute eau qui circule est féconde.

Eh bien, le drainage fait passer l'eau du premier état au second. L'eau cesse de séjourner à la surface où elle noyait les racines en les privant d'air et de chaleur, et elle s'égoutte dans le sol en y répandant la fraîcheur et en le maintenant bien ameubli. C'est ainsi que d'une mauvaise terre le drainage fait un fonds de terre de qualité supérieure.

Maintenant que nous savons à quelles espèces de terres nous avons affaire, et comment il faut les améliorer, voyons comment il faut les fumer, car le fumier est l'agent souverain de toute fertilité.

Quelquefois la couche supérieure d'une terre ou *sol* est de mauvaise qualité, tandis que la couche de dessous, dite *sous-sol*, est plus propre à nourrir les plantes ; alors l'amendement se pratique au moyen de labours profonds qui amènent à la surface la terre du sous-sol.

Lorsque vous avez un champ exclusivement argileux ou siliceux ou calcaire, et que les autres éléments qui lui manquent sont à votre disposition dans le voisinage, n'hésitez pas à transporter ces éléments sur votre terre et à l'amender par un mélange suffisant.

Un peu de sable et de marne ajoutés à une terre argileuse lui donnent plus de chaleur et de légèreté, et en feront une terre à froment de première classe.

Lorsque la terre est sèche, soit par sa constitution, soit par absence prolongée de pluie, on y remédie par des irrigations. Si la terre à irriguer est en pente, on arrose le haut après y avoir étendu du fumier. L'engrais, charrié par l'eau, se répand jusque dans la partie inférieure, et se dissout insensiblement pour donner au fourrage les sels qu'il tient en dissolution.

Ainsi, l'amendement des terres par l'adjonction des éléments qui leur manquent, soit qu'on les puise dans le sous-sol lorsqu'ils s'y trouvent, soit qu'on aille les chercher plus loin; le drainage pour les terres fortes et rendues humides par l'impénétrabilité du sous-sol; l'irrigation pour les terres trop sèches et voisines des cours d'eau, tels sont les principaux moyens de remédier aux vices de constitution des terres cultivables.

Mais si riche que soit la constitution d'une terre, sa fécondité serait bientôt épuisée si on ne lui rendait après chaque récolte les éléments propres à nourrir les plantes. C'est l'objet des engrais, dont nous traiterons plus loin. Mais, même avec des fumures convenables, la meilleure terre ne peut donner continuellement la même espèce de plantes. Il faut les y cultiver dans un ordre de succession basé sur les divers sucs dont elles se nourrissent et sur le genre de plantes qui se plaisent plus spécialement dans chaque sorte de terres. Cette rotation des cultures est ce qu'on nomme assolement. Un bon assolement dispense le cultivateur de laisser le moindre coin de sa terre improductif. Mais en adaptant chaque plante au terrain qui lui convient le mieux, il en tirera, sans l'épuiser, des récoltes plus abondantes.

On peut dire des terres d'alluvion qu'elles sont propres à toute sorte de culture. Pourtant la vigne n'y donne pas de fruits de bonne qualité.

Les terres siliceuses conviennent à la vigne, aux plantes tuberculeuses, comme la pomme de terre et le topinambour, aux navets et aux plantes légumineuses.

La terre argileuse est favorable au froment, au trèfle, à l'orge et aux plantes de grande culture, mais cette terre est difficile à travailler et à ameublir.

Le terrain marneux convient aux mûriers et aux arbres à racines abondantes, aux fourrages et aux plantes à gousses, telles que haricots, féveroles, etc.

Ces différents sols ont plus ou moins de valeur suivant la quantité d'humus ou de terreau dont ils sont mêlés.

Le terreau est fertile parce qu'il est composé de débris de substances végétales et animales. C'est lui qui donne la valeur au sol et en multiplie les productions.

Le cultivateur doit surtout s'attacher à enrichir sa terre par tous les moyens possibles. Les jardins et les terres abondamment fumées finissent par devenir riches en humus. Le cultivateur voit que son terrain possède cet élément précieux lorsqu'il reçoit promptement la chaleur et la garde longtemps. C'est ce qui fait que la végétation est toujours plus belle et plus abondante dans les jardins que dans les champs.

Ajoutons que la terre riche d'humus absorbe mieux l'air, l'humidité et les gaz de l'atmosphère.

Quoique les terrains tourbeux soient également composés de débris animaux et végétaux, ils sont loin de valoir l'humus. La tourbe est pourtant un débris végétal, mais pas assez combiné à la terre pour aider à la végétation.

Pour mettre un terrain tourbeux en valeur, il faut le mélanger de sable et de marne, et le faire sécher au soleil et au grand air.

Le P. Espanet raconte qu'auprès de la Trappe de Mortagne un jeune homme qui venait d'hériter d'un hectare de terre marécageuse vint le trouver pour lui demander conseil sur la manière de tirer parti de cet ingrat patrimoine. C'était un sol absolument stérile. Sur les avis du vénérable trappiste, le jeune homme se mit à drainer son marais, à le remuer, et à y mêler du sable et de la marne qu'il amenait, avec des peines infinies, dans une brouette, d'une éminence voisine. Au bout d'un an le marais était desséché, et devenait une terre végétale d'une rare fécondité. Aujourd'hui le propriétaire y fait des cultures spéciales, entre autres celle du houblon, et en tire sans peine de quoi assurer l'existence de sa femme et de ses trois enfants.

Il ne faut jamais s'obstiner à cultiver un terrain pauvre et de mauvaise nature, avant de l'avoir amélioré par de bons amendements.

C'est là le préliminaire obligé de tout succès. Autrement, on consumera ses années dans un travail ingrat et qui jamais ne sera récompensé.

II. — DES ENGRAIS.

Les substances qui ont la vertu de fertiliser la terre sont de nature animale, végétale ou minérale.

Tous les produits qui sortent des animaux, sang, chair, os, peau, cuir, cornes, laines, poils, etc., sont les engrais les plus puissants. Par leur dissolution ils enrichissent la terre d'un gaz nommé *azote*, qui est le plus énergique agent de la végétation.

Les fumiers sont un engrais à la fois animal et végétal. Les humeurs de l'animal qui se mêlent à ses excréments sont leur principal élément de fertilité.

Les urines, qui sont dans le même cas, contiennent divers sels plus ou moins riches en azote, mêlés à de l'eau, et sont également un engrais de premier ordre.

N'est-il pas déplorable de voir gaspiller ces précieuses substances, tandis que la terre manque d'engrais? Ne serait-il pas plus avantageux de les recueillir avec soin que d'être obligé d'acheter fort cher des poudrettes et des guanos qui en sont tout au plus l'équivalent?

Les excréments humains sont le plus puissant de tous les engrais animaux. Il est reconnu et positivement établi que chacun de nous produit en déjection une somme d'engrais suffisante pour reproduire les plantes nécessaires à sa nourriture. Cette vérité, complétement méconnue en France, est avérée et surtout pratiquée par les Chinois. Les jardiniers de ce pays fournissent les légumes nécessaires à chaque famille moyennant le contenu de sa fosse d'aisance.

L'homme, se nourrissant de viande et de végétaux farineux, donne par cela même un engrais plus riche en azote que les animaux qui ne vivent que de plantes.

Les oiseaux qui se nourrissent de graines donnent un engrais plus chaud et plus énergique que les animaux nourris d'herbe. Aussi le fumier des basses-cours est-il le plus puissant après l'engrais humain. C'est un fumier qu'il faudrait recueillir avec des soins infinis.

Le fumier des brebis, moutons et chèvres est le plus chaud de tous les engrais d'étable. Celui de cheval vient ensuite; puis en troisième rang celui des vaches et bœufs; en quatrième rang celui des porcs. Tous ces fumiers sont à la fois composés de substances végétales et animales.

Quant aux fumiers purement végétaux, ce sont les débris de pailles, bruyères, feuilles mortes, racines et plantes enterréès en vert, et qui rendent à la terre les substances dont ils se sont formés. Ces engrais, sans valoir les précédents, en sont un puissant auxiliaire, et contribuent efficacement à fertiliser le sol.

Les engrais minéraux sont plutôt des amendements que des engrais proprement dits, en ce qu'ils servent à exciter, à échauffer la terre et à dissoudre les sels dont elle nourrit les plantes, et non à nourrir les plantes mêmes. Tels sont la chaux, le plâtre, la marne, les plâtras de constructions détruites, etc.

Toutes ces substances agissent diversement sur la terre et ses produits, comme nous le verrons plus tard. Commençons par traiter des moyens de recueillir les engrais et de les obtenir abondants et de bonne qualité, chose aussi essentielle qu'elle est rare, malheureusement, dans notre pauvre France.

D'abord l'engrais humain étant le plus précieux de tous, ainsi que nous l'avons dit, celui-là devrait être recueilli avec plus de soin. Rien n'est plus facile. Chaque ménage devrait déposer ses déjections, tant solides que liquides, dans des fûts bien fermés placés au fond des fosses d'aisances. Lorsque les vases sont à moitié pleins, il importe d'empêcher l'évaporation des gaz, activée par la chaleur, surtout en été, d'abord parce que ces gaz sentent mauvais, ensuite parce qu'ils ont une vertu fertilisante qui les rend précieux à conserver.

On obtient ce double résultat, c'est-à-dire qu'on concentre le gaz ammoniac des matières fécales, et qu'on neutralise leur mauvaise odeur, en y mêlant de l'eau dans laquelle on a fait fondre de la couperose verte (sulfate de fer), dans la proportion d'un kilogramme par 10 litres d'eau, ou dans laquelle on a jeté du vitriol (acide sulfurique) dans la proportion d'un kilo pour 100 litres. On peut également y jeter de la suie ou du poussier de charbon ou de plâtre. On remue le tout après le mélange.

Ces substances mêlées aux déjections font passer le gaz ammoniac de l'état de carbonate à celui de sulfate ; en cet état, il cesse de s'évaporer, et reste tout entier dans l'engrais, qu'il élève à sa plus haute concentration. Alors le fumier humain, ainsi préparé, devient presque inodore et d'une puissance fertilisante incomparable.

Ne laissez donc jamais perdre les déjections des gens de votre maison. C'est une bonne part de la richesse de votre jardin et de vos terres. Un homme produit la fumure d'un demi-hectare.

Les fumiers d'étable sont, après l'engrais

humain, le meilleur agent de fertilité. Là encore nous trouvons partout des habitudes déplorables à combattre, et toute une éducation à faire pour les neuf dixièmes de nos cultivateurs.

D'abord, pour avoir des fumiers d'étable en quantité suffisante, il faudrait nourrir les bestiaux à l'étable. Si vous voulez engraisser promptement votre bétail, si vous voulez obtenir de chacune de vos vaches de douze à vingt litres de lait par jour, et enfin une forte quantité de fumier, il faut renoncer à leur faire passer la journée dans les pâturages, et vous borner à leur faire prendre l'air une heure le matin et une heure le soir, en été, pour les mener à l'abreuvoir. Les Anglais et les Belges, nos maîtres en bétail, n'agissent pas autrement. Aussi font-ils des bœufs de 800 kilos en trois ans, tandis que les nôtres demandent sept et huit ans pour acquérir ce poids, et leurs vaches leur donnent trois fois plus de lait et de fumier que les nôtres.

Pour avoir en quantité et en qualité le fumier d'étable, il faut que le sol en soit en terre glaise solidement battue, ou mieux encore pavé en briques, et en pente, pour que les urines ne pénètrent pas dans le sol, mais qu'elles s'écoulent et s'accumulent dans une rigole pratiquée au bas de l'étable. Cette rigole conduit à un petit réservoir où sont recueillies toutes les urines. Vous rejetez ces urines sur le tas de fumier au fur et à mesure qu'il se dessèche. Quant au fumier même, il faut que le tas soit établi sur un sol très-solide et impénétrable aux liquides, comme celui de l'étable. Vous entourerez cet emplacement d'une rigole, où s'écouleront les purins ou jus ; comme le purin est la plus riche portion de votre fumier, vous le ferez arriver à un réservoir placé au bas de votre tas de fumier, où vous le recueillerez avec le même soin que les urines de l'étable, et vous en arroserez le tas de fumier, quand la chaleur et les vents secs le dessécheront ; et lorsqu'une fermentation trop forte en fera évaporer les gaz ammoniacaux, ce dont la fumée et l'odeur forte vous avertiront, vous délaierez vos purins dans huit fois leur volume d'eau, vous y ajouterez de la couperose verte ou du vitriol, comme nous vous le disions à propos de l'engrais humain ; vous arroserez le dessus du tas avec ce composé, ou bien avec du plâtre en poudre. La fermentation s'arrêtera, et votre fumier conservera toute sa vertu.

En attendant, vous aurez soin de tasser solidement chaque couche de fumier ; tâchez aussi de le couvrir d'une couche de marne ou de terre grasse, lorsque les pluies menaceront de l'inonder, ce qui en enlèverait les meilleurs sels. C'est ce qu'il faut éviter à tout prix ; la qualité est aussi précieuse que la quantité dans les fumiers, on ne l'obtient qu'en les maintenant à un haut degré de concentration. Le lavage des pluies d'une part, et de l'autre la fermentation épuisante produite par les sécheresses et le soleil, sont deux causes de détérioration qu'il faut écarter avec soin.

Que votre tas de fumier soit éloigné du puits et de la mare où s'abreuvent vos bestiaux, car les purins qui s'infiltrent dans la terre finiraient par s'y rendre et empoisonner votre breuvage et celui de vos animaux. C'est une cause trop commune des maladies qui déciment les bestiaux dans nos fermes mal tenues.

Il y a des cultivateurs qui, pour ne pas perdre leurs purins, mettent une forte couche de terre sous le tas de fumier. Cette terre boit les purins et devient elle-même un riche engrais. C'est une méthode excellente.

Tout ce qui vient des animaux, avons-nous dit, est engrais et engrais supérieur ; il ne s'agit que de bien s'en servir. Les urines doivent être recueillies avec soin, puis on les laisse fermenter, et on les étend d'eau lorsqu'il s'agit de les employer.

Dépecez des chairs d'animaux morts, et enterrez-les en les mêlant à de la chaux vive.

Quand elles seront bien consumées, elles constitueront un engrais hors ligne.

Jetez le sang sur les tas de fumier ou mêlez-le à de la terre chauffée au four pour le dessécher.

On fait pourrir la laine et les poils dans de l'eau, puis on les mêle au fumier au bout de huit jours.

Les os sont un engrais riche en phosphate; ils composent le noir animal, si recherché pour la culture des plantes fourragères. On les casse en menus morceaux, puis on les fait dissoudre dans de l'urine de cheval; ceci demande quinze jours environ.

Toutes ces substances, mêlées aux fumiers d'étable, l'améliorent comme qualité.

Il en est des plantes comme des animaux, tout ce qui provient de leur décomposition est engrais. Les feuilles qui tombent des arbres, les herbes qui pourrissent sur pied, enrichissent la terre; chaque plante contient en elle-même de quoi nourrir ses pareilles. Les marcs de pommes sont un engrais pour les pommiers; de même le marc de raisin pour la vigne; les tourteaux de colza et de navette pour les plants de colza et de navette; enfin, par suite du même principe, la paille de blé est l'engrais le plus convenable aux emblavures, et le fumier des bêtes qui broutent l'herbe est excellent pour les prairies.

Rendez donc à la terre ce que vos récoltes lui ont pris, et toujours la terre vous le rendra avec usure.

Tout ce qui se perd dans le ménage est précieux comme engrais, les eaux de lessive, de savon, de récurage, les légumes et fruits pourris, viandes gâtées, lies de vin et rinçures de futailles, etc. Toutes ces substances ont des principes fertilisants pour la terre. Mêlez-les ensemble dans une fosse avec des herbes vertes ou des gazons; jetez de la chaux vive sur les matières qui résistent à la décomposition; faites du tout un mélange appelé compost, et vous en tirerez d'excellents engrais.

On voit par ce qui précède que les engrais ne manquent point au cultivateur. S'il ouvrait les yeux pour les voir et savait les recueillir et les employer, la terre ne serait jamais ingrate pour ses travaux; car, comme dit J. Bujault, ce n'est pas ce qu'on sème qui rapporte, c'est ce qu'on fume.

Ne cultivez donc jamais que l'étendue de terre que vous pouvez fumer. N'achetez que rarement des engrais; tâchez d'en fabriquer vous-même ce qu'il vous en faut, cela est toujours possible.

Par exemple, si après une récolte de blé vous craignez que votre terre soit épuisée et de manquer d'engrais, semez-y dès le mois d'août, après un labour léger, du sarrasin, ou de la spergule, ou de la lupuline, ou encore de la moutarde blanche. Deux mois après vous aurez un plant épais et haut d'un pied environ. Vous en emploierez la quantité que vous voudrez comme fourrage, et le reste vous l'enterrerez vivant en octobre ou en novembre. Vous aurez enrichi votre champ d'un engrais qui vaudra presque une fumure et dont l'air aura fait tous les frais, car ces plantes prennent dans l'atmosphère seule leur nourriture et ne demandent presque rien à la terre qu'elles enrichissent de leurs débris.

En général, il faut préférer la spergule, les raves et le sainfoin pour les terres légères; les pois, haricots, fèves, seigle, sarrasin, pour les terres fortes et humides. On choisit l'époque de la floraison des plantes pour les enterrer; c'est le moment où elles sont plus promptes à se décomposer.

Ces plantes donnent un engrais vert qu'on peut évaluer à 30 voitures de fumier par hectare.

Les anciens pratiquaient l'engrais par les plantes enfouies en vert. En Toscane, on sème ainsi du maïs en mars et on l'enterre en automne. Dans le Milanais ce sont le navet, le haricot, les radis, les fèves; en Calabre, le sainfoin.

Les racines de trèfle et de luzerne sont un puissant engrais vert; les céréales qui leur succèdent donnent toujours d'abondantes récoltes.

Voilà comment de maigres friches deviennent en quelques années des terres fertiles sous la main du cultivateur actif et intelligent. N'est-ce pas le cas de s'écrier : Tant vaut l'homme, tant vaut la terre?

ENGRAIS MINÉRAUX.

Les substances terreuses qui peuvent se dissoudre dans l'eau, et qui contiennent de la chaux, des alcalis, du soufre et des acides, sont utilisables comme engrais ou comme amendements. Dans le premier cas elles contribuent à nourrir les plantes, dans le second cas elles accroissent les sucs que l'humus leur fournit en accélérant sa décomposition.

Le plâtre, produit de la chaux combinée au soufre, active la croissance des plantes légumineuses. Il convient aux choux, trèfles, luzernes, vesces, haricots, surtout dans les terres compactes et marneuses.

La poussière de charbon de terre ou houille et celle de tourbe peuvent remplacer le plâtre; mais il faut qu'elles soint mêlées d'eau en grande quantité.

La chaux vive en poudre, mêlée avec une petite quantité d'eau, à la propriété de hâter la dissolution de l'humus et d'accroître la nourriture des plantes. Il ne faut donc l'employer que dans une terre riche en humus; inutile de la mêler aux engrais animaux, comme de la répandre dans les champs nouvellement fumés.

Le sainfoin est surtout avide de cet engrais.

La *craie*, la *marne*, les plâtras ou débris de bâtisse ont la même propriété que la chaux sur la terre et sur les plantes.

Les *cendres de bois et de tourbe* répandues dans les prés ou sur les trèfles, par un temps pluvieux, sont d'un excellent effet.

Les *vases* et *terres pourries*, contenant des matières végétales et animales en état de dissolution, sont encore des engrais qu'il ne faut point dédaigner. On les fait sécher à l'air avant de les employer. Le mieux est de les mêler aux fumiers d'étable.

III. — DES DÉFRICHEMENTS.

Il faut n'entreprendre de défrichement que lorsqu'on a la certitude d'y consacrer le travail et les engrais nécessaires. Autrement, attendez que vos ressources vous le permettent.

Beaucoup de propriétaires se sont ruinés en défrichant, pour avoir voulu soumettre de suite leurs terrains défrichés à l'assolement des bonnes terres.

Leur illusion était causée par le produit d'une première année de blé. Mais le blé est une plante épuisante, et une terre nouvellement mise en valeur ne s'enrichit pas ainsi en un an. Après une première année de blé il faut que la friche soit mise en pâturages et en prairies artificielles au moins pendant sept ou huit ans. Alors seulement, grâce à de bonnes fumures, elle sera en état d'entrer dans l'assolement des terres à blé.

Les friches appartiennent à toutes les variétés de terrains, et on les travaille en conséquence.

Les friches à sol argileux et compacte sont généralement couvertes d'herbe courte et épaisse. Il faut les égoutter au moyen de fossés, et mieux encore les soumettre au drainage. On rompt la surface en automne avec une charrue à labour profond. La fouilleuse qui soulève le sous-sol, sans l'amener à la surface, suivra et complètera l'œuvre de la charrue. On peut aussi disposer le gazon en tas et y mettre le feu, puis étendre les cendres. Ce moyen est excellent lorsque le sol est couvert de bruyères. La terre argileuse a toujours besoin d'être divisée et allégie. Ensuite il faudra répandre de la chaux ou des cendres de houille sur les guérets. A la fin de l'hiver on donne un second labour, plus léger que le premier : on herse en plusieurs sens pour ameublir la terre, et on peut y semer du seigle, de l'avoine, des féveroles, du colza, des rutabagas, etc.

En terre légère, les défrichements sont moins difficiles; il faut généralement ne brûler que les tiges de bruyère, et enterrer le gazon en vert. Après l'hiver on roule les guérets; on y répand de la chaux, qu'on mélange à la terre avec une herse; puis on sème du seigle avec une graine fourragère : trèfle rampant, ray-grass, phléole, etc. Après trois ans de fourrage, la friche pourra entrer dans l'assolement régulier; mais n'y épargnez pas les fumures dans les premiers temps.

Quant aux friches à fonds tourbeux, il faut d'abord les dessécher par des fossés, des rigoles, des puits perdus ou boit-tout; puis on lève les croûtes de gazon pour y mettre le feu par un temps sec. On y répand de la chaux, puis on y sème de l'avoine, du seigle ou des vesces.

Les friches à fond calcaire un peu profond peuvent également devenir de bonnes terres en quelques années. Il ne s'agit que de donner un peu de fraîcheur au sol. Répandez-y de mauvaises herbes, avec du fumier de porc, et enterrez le tout avec la charrue; puis semez-y des plantes fourragères. Si le terrain est encore trop chaud, enterrez ces plantes toutes vertes comme engrais, et soyez sûr que votre terre finira par devenir fertile.

Maintenant que nous savons comment choisir et préparer nos terres, voyons ce que nous allons leur demander en fait de produits.

IV. — DE L'EXPLOITATION AGRICOLE.

Pour bien exploiter une terre, il faut s'assurer d'abord des moyens de nourrir assez de bétail pour la pourvoir d'engrais. Lorsqu'on a peu de prés naturels à sa disposition, il est nécessaire de donner une large part à la culture des plantes fourragères.

En second lieu, il faut calculer la main d'œuvre sur la valeur de la terre et de ses produits, pour ne pas se grever en frais improductifs de personnel et d'animaux de travail.

Pour le choix des cultures il faut consulter les facilités d'écoulement des produits, et les ressources qu'on peut tirer du voisinage d'une grande ville, ou des denrées qui se vendent le mieux sur le marché voisin. Ainsi aux environs d'une grande ville, la culture potagère, celle des arbres à fruits, l'élève des vaches laitières, sont les spécialités les plus lucratives. Au contraire, dans les contrées purement agricoles, on s'adonnera de préférence à l'engraissement du bétail et à la production du blé et des plantes de grande culture, suivant la nature du terrain.

V. — DES ANIMAUX DE TRAVAIL.

Pour le labourage on emploie les chevaux ou les bœufs. Les terres fortes sont d'un labour difficile, le cheval y convient mieux que le bœuf ; d'ailleurs ces terres ont besoin d'un fumier chaud, et tel est celui du cheval.

Dans une terre qui n'est ni forte ni légère, et d'une étendue suffisante, on peut avoir des chevaux et des bœufs, mais le moins de chevaux et le plus de bœufs qu'on pourra. Les premiers feront les charrois, les seconds les gros labours.

Le cheval fait un tiers plus de besogne que le bœuf ; mais il coûte plus cher d'entretien et de nourriture, et est plus sujet aux maladies ; ensuite il perd de sa valeur après sept ans.

Le bœuf, au contraire, coûte peu d'entretien et de nourriture ; et quand il se fait vieux, on l'engraissé, puis on le vend, au moins sans perte, sinon avec profit.

Un temps viendra, j'espère, où le joug sera remplacé par le collier pour les bœufs. La force de traction du bœuf est toute dans les muscles du tronc et non dans son cou ni dans sa tête. Le système du joug lui fait dépenser en pure perte un tiers de sa force. N'hésitez point à adopter le collier, malgré la routine.

Un cheval donne environ 8000 kil. de fumier par an; le bœuf de travail en donne de 12 à 15,000; nourri à l'engrais, il en donne 25,000. C'est-à-dire que le cheval de labour ne donne que de quoi fumer un tiers d'hectare; tandis que le bœuf de travail en fumera deux tiers, et à l'engrais, il fumera plus d'un hectare.

Pour le choix des chevaux et des bœufs, on ne saurait trop se précautionner contre les ruses des marchands. Si vous n'êtes pas connaisseur, aidez-vous des conseils d'un habile vétérinaire, ou d'un praticien expérimenté.

Pour les bœufs de trait, on signale comme les meilleures races celles du Charolais, de la Franche-Comté, du Morvan, de la Camargue et du Cholet. Mais chaque contrée a sa race aujourd'hui. N'allez pas plus loin; tâchez de bien choisir et ne regardez pas à quelques napoléons pour un bon attelage.

Il faut nourrir les bêtes de trait suivant le travail qu'elles ont fait. D'abord régularité dans l'heure des repas ; point essentiel pour tous les animaux.

Quand un cheval a fait une journée laborieuse, il lui faut 3 kilos de paille hachée, 8 ou 10 de foin, 10 à 12 litres d'avoine, et de temps en temps un peu de son dans sa boisson. Dans les journées de repos, il suffira de 5 kilos de paille hachée, 5 de foin et 2 litres d'avoine.

Il faudrait toujours hacher les fourrages et concasser l'avoine qu'on donne aux chevaux. Plus la nourriture est divisée, plus elle profite aux animaux ; c'est un principe général. Aussi tous les habiles nourrisseurs ont-ils un coupe-racines, un hache-paille, et un concasseur pour les grains. C'est de l'argent bien employé.

Les carottes hachées sont une nourriture précieuse pour le cheval en hiver. 10 kilos de carottes et 5 litres d'avoine suffiront amplement à la nourriture journalière d'un cheval en cette saison.

Il faut nourrir à l'étable, et non au dehors, ses bœufs et ses vaches. On les sort seulement pour les envoyer à l'abreuvoir, ou pour les faire pâturer une ou deux heures. Ce régime a pour résultat de donner beaucoup de fumier, outre qu'il engraisse plus promptement les bœufs, et augmente la quantité de lait des vaches.

Un bœuf de travail consomme 100 kilos de fourrage vert par jour, ou 26 kilos de foin quand on veut le livrer à la boucherie.

L'âne, ce pauvre animal, si injustement dédaigné des cultivateurs, est un précieux serviteur de la petite culture. Il est propre aux labours légers, et ses services sont surtout utiles pour les transports, soit comme bête de trait, soit comme bête de somme. Avec cela l'âne est sobre, aisé à nourrir, point sujet aux maladies, et demande peu à son maître en retour de ses bons services. Je ne puis voir ce pauvre animal sans compassion pour lui et ses pareils et sans humeur contre les miens; car il est peu de sujets qui ne portent la trace de la barbarie de leur maître. Lorsque l'âne est élevé avec soin, nourri convenablement, et soumis à un travail modéré et raisonnable, il donne des sujets d'une plus belle encolure que ceux qu'on voit généralement; ils atteignent une taille et une force qui en font presque les émules de nos chevaux. Il n'est donc pas seulement inhumain de maltraiter ce pauvre serviteur, c'est encore de l'ineptie.

VI. — DU BÉTAIL.

Le bétail est le principal élément de prospérité du cultivateur. En retour des plantes fourragères que consomment ses bestiaux, ceux-ci lui donnent lait, viande, laine et fumier, outre leurs petits. Un habile éleveur est plus que la moitié d'un bon agriculteur. Tâchons de donner une idée exacte de cette partie essentielle de la culture.

DU BOEUF ET DE LA VACHE.

Nous avons parlé du bœuf de travail; parlons de la vache laitière. On en connaît plusieurs bonnes races en France. La race bretonne me paraît la plus méritante et celle que la petite culture doit le plus rechercher. La vache bretonne est modeste de taille, mais elle est robuste, peu gourmande, facile à nourrir, et très-bonne laitière. Nourrie convenablement à l'étable, elle peut donner de 10 à 20 litres de lait par jour. 10 kil. de foin, ou 40 kil. de fourrage vert lui suffisent amplement. Arrosez toujours d'eau bouillante le fourrage sec des vaches, vous vous en trouverez bien. Si une vache donne moins de 10 litres de lait par jour, il faut s'en défaire et la remplacer. La France possède aujourd'hui plusieurs races dont on peut attendre davantage. Il ne faut pas tenir à une vingtaine de francs pour acquérir des sujets de bonnes races.

Pour engraisser les bœufs et les vaches, il faut varier leurs aliments afin de prévenir le dégoût; on mêlera à leur fourrage des substances grasses ou farineuses, telles que de la farine d'orge, les pommes de terre, le marc de betteraves; leur boisson sera composée d'eau tiède et de farine de froment, d'orge, de seigle; on leur en donnera matin et soir. Les grosses raves, les navets hachés et cuits, à copieuses rations, sont encore des moyens actifs d'engraissement.

DES BREBIS ET MOUTONS.

Nous possédons de nombreuses variétés de ces animaux en France. On les divise en deux classes, l'une à laine lisse, l'autre à laine crépue.

Les moutons à laine lisse ont la taille élevée et la toison grossière : ce sont les moutons de *plaine*; les autres, dits moutons de *montagne*, sont petits de taille, et ont une laine dure, épaisse et frisée.

Le mouton *commun* est le produit du mélange de ces deux variétés, sa toison est médiocrement longue et peu frisée.

Le *mérinos*, originaire d'Espagne, se distingue par une toison fine et abondante; cette race, qui est très-robuste lorsqu'elle est acclimatée, donne de riches profits aux cultivateurs qui savent l'élever. Elle est plus avide de nourriture que la race commune, mais elle se contente de toute sorte d'aliments, et se vend plus cher. Sa chair passe aussi pour être plus délicate. Si vous habitez un pays doux et sec, élevez des mérinos; votre climat est-il humide et froid, choisissez une race anglaise riche en viande et en graisse.

Les brebis sont propres à l'agnelage depuis 18 mois jusqu'à 7 ans. On combine l'époque de leur mise bas avec les ressources dont on dispose pour les nourrir. La gestation étant de cinq mois, en choisissant le mois de juillet pour l'accouplement, on a des agneaux en janvier, et l'on peut soigner les mères et les petits pendant l'hiver dans la bergerie. Les agneaux tettent pendant trois mois; au bout d'un mois on les sépare de leurs mères par une claire-voie assez large pour le passage des petits, mais trop étroite pour les mères. On donne à ceux-là dans leur compartiment des recoupes avec du foin haché et une auge pleine d'eau pour boire. Grâce à cette disposition, ils continuent de s'allaiter et s'habituent au fourrage qui doit les nourrir exclusivement plus tard.

En été, on fait pâturer les moutons partout où il y a assez d'herbe, dans les champs moissonnés, sur le flanc des collines, dans les clairières, à travers les bruyères, les champs ensemencés, etc. Mais les endroits marécageux sont peu convenables.

Il faut éviter de les mener dans les marécages qui les exposent à diverses maladies. On ne les sortira qu'après la rosée, qui les expose au gonflement. La pluie leur est également nuisible, il faut alors les laisser à l'étable et leur donner un fourrage sec.

A l'étable, un mouton consomme environ 3 kilos de feuilles de chou par jour, 3 kilos de carottes, 3 kilos de pomme de terre ou de topinambours.

Le mouton boit peu en bonne santé; quand on le voit aller souvent à l'abreuvoir, c'est signe qu'il est malade. On doit alors ranimer son appétit en mêlant un peu de sel à sa boisson.

En été on parque les moutons dans des carrés fermés par de petites claies ou barrières en bois; ils y entrent le soir pour en sortir le matin dès que le soleil a pompé la rosée.

Ces carrés, qu'on change tous les jours, reçoivent une fumure suffisante des urines et des excréments des moutons. On peut même les changer deux fois par jour, lorsque la nourriture est peu abondante ; alors il suffit d'un séjour de 6 heures pour fumer la place d'un parc. Mais en hiver il faut ne changer le parc que toutes les 24 heures.

On engraisse les moutons à l'étable avec une nourriture abondante, arrosée d'eau chaude ou mêlée d'un peu de son ; l'engraissement dure deux mois.

DE LA CHÈVRE.

La chèvre, dont le lait est exclusivement employé au fromage, n'est un animal profitable que dans les lieux incultes et couverts de broussailles, où elle aime à brouter toute sorte d'herbes et les feuillages des buissons et des haies. En hiver on la nourrit comme le mouton et on lui donne du sel qu'elle aime beaucoup. Le lait de la chèvre est plus abondant que celui de la brebis. Mais elle n'offre ni laine ni viande à l'éleveur.

DES PORCS.

L'élève du porc est une des plus lucratives spéculations agricoles. Le porc est le plus fécond des animaux d'étable, celui qui se propage et s'engraisse avec le plus de facilité. Sa gloutonnerie, qui est proverbiale, lui fait tirer parti de tout, et convertit tout en graisse.

Les meilleures races que nous ayons en France proviennent d'Angleterre, où on a perfectionné toutes les sortes de bétail. La race craonnaise est une de celles qui, en France, donnent le plus de profit par la rapidité de l'engraissement et la masse de lard. Il y a de petites races anglaises qui rendent au bout d'un an une couche épaisse de lard, mais elles sont délicates et sujettes aux maladies. Choisissez une race croisée d'anglais avec nos races de pays. Un dos large, un poil très-clair, pas trop rude, des oreilles larges, souples et tombantes, des pattes fines et pas trop hautes, queue courte et non roulée en vrille, voilà des signes qui décident de l'aptitude à l'engraissement.

Un porc d'un an vous donnera du petit salé; mais ne l'engraissez qu'à 18 mois si vous voulez de gros lard.

L'engraissement se commence avec les racines et les pommes de terre, et s'achève avec des grains moulus ou broyés grossièrement. Les aliments cuits donnent plus de profit que crus; un peu de sel augmente leurs qualités nutritives.

La farine de pois, d'orge ou de fèves, délayée dans l'eau chaude, est un bon aliment, surtout si on la fait aigrir avant de la donner aux porcs. Cela demande trois semaines en hiver et 10 jours en été. On prépare d'avance plusieurs baquets, et on donne chaque jour la quantité voulue à des heures fixes et bien réglées. Mêlez-y toutes vos eaux de vaisselle.

L'élevage des bestiaux doit donner au cultivateur les produits suivants :

Bœuf. Un bœuf à l'engrais pendant huit mois doit acquérir 150 fr. de plus-value au moins.

Une vache ayant coûté 300 fr. donne un veau qui vaut 25 fr. à un mois et 100 fr. au bout d'un an. Ajoutez 1500 litres de lait dans son année, à 10 c. soit 150 fr. Total 175 fr. de produit, sans compter le fumier.

Une brebis achetée 20 fr. produit en un an un agneau qui vaut 15 fr. à un an, un kilo et demi de laine valant 6 fr., soit 21 fr. de plus-value, outre un fumier excellent. Un mouton acheté 20 fr. l'hiver peut valoir de 27 à 30 fr. au mois de juin, après avoir donné en outre pour 6 fr. de laine : total 36 fr.

Une truie valant 120 fr. doit donner en moyenne 7 petits cochons valant à 2 mois 15 fr. chacun, soit 105 fr. Vous gardez ceux que vous pouvez engraisser, et dans le courant de l'année ils peuvent s'élever à une valeur de 100 à 200 fr., mettez 150 fr. en moyenne. C'est la source des plus gros profits en agriculture.

VII. — DES ÉTABLES.

Un point essentiel pour l'élevage du bétail, c'est d'avoir des étables bien construites et saines.

La vérité nous force à dire que l'agriculture en France est sous ce rapport dans un véritable état de barbarie. Il est impossible de produire de beaux élèves dans ces étables sales, basses, étroites, mal aérées, à sol fangeux et infect, qui donnent à nos métairies un aspect misérable et exhalent une odeur repoussante.

Ce n'est pas le fermier qui est ici le grand coupable, ce sont nos propriétaires, qui méconnaissent, en cela, un de leurs plus sérieux intérêts. La prospérité de leurs biens dépend de la quantité et de la qualité des bestiaux qu'on y élève ; et la salubrité des étables est indispensable pour les élever et les engraisser. Toutes les maladies qui déciment le bétail de nos fermes depuis nombre d'années, n'ont souvent d'autre cause que le mauvais état des étables.

Un cheval a besoin pour respirer à l'aise de 30 mètres cubes d'air ; il faut donc que son écurie soit haute de 4 mètres, large de 5 m. 50. Entre deux chevaux il faut un espace de 1 mètre 50 au moins.

L'étable des vaches doit avoir 3 à 4 mètres

de haut et 5 mètres de large, lorsque les bêtes ne forment qu'un rang. Les vaches doivent de plus être à 1 mètre 30, ou 4 pieds, l'une de l'autre.

Une étable doit avoir, outre les dimensions que nous venons de dire, une porte large, des fenêtres à volets placées au haut du mur, en face de la porte; on les ouvre lorsque les bêtes sont dehors pour renouveler l'air. Il faut que les murs soient blanchis à la chaux; la chaux absorbe les exhalaisons malsaines et favorise la santé des bêtes.

Le sol de l'écurie et des étables doit être sec, dur, afin d'écouler les urines dans le réservoir; autrement l'urine s'infiltre dans la terre et remplit l'air d'exhalaisons malsaines.

A la bergerie, chaque mouton doit occuper un espace de deux mètres carrés au moins.

Les porcs ne doivent pas être tenus dans la malpropreté qu'ils cherchent. Il faut qu'ils puissent se retourner facilement, et que l'air de leur toit soit fréquemment renouvelé, leur litière toujours propre et leur auge souvent nettoyée.

Ce sont là des conditions vitales pour avoir un bétail florissant. Un air pur est aussi indispensable aux animaux qu'à l'homme.

Est-ce là ce que nous voyons en France?

Ces étables basses, fangeuses, infectes,

étouffantes, qu'on rencontre partout, accusent trop l'ignorance et l'apathie des propriétaires, non moins que l'état misérable de notre agriculture.

Étonnez-vous, après cela, si nos bêtes sont malingres, difficiles à engraisser, si nos races se développent mal, ou même dégénèrent, et donnent peu de lait et peu de viande.

Propriétaires et cultivateurs, renoncez au plus vite à cette économie-là ; c'est votre intérêt autant que votre devoir.

CULTURE DES PLANTES

VIII. — CÉRÉALES.

On nomme céréales les plantes qui fournissent la matière du pain : froment, seigle, orge, avoine, etc.

FROMENT.

Le froment est la plus estimée des céréales par la bonne qualité du pain qu'on en tire. Cette plante aime une terre un peu argileuse ou forte, riche en humus, profonde, avec un peu de calcaire ou de marne, et surtout bien labourée, bien ameublie et bien fumée.

Il ne faut cultiver le froment qu'après les plantes sarclées ou les plantes fourragères, qui laissent la terre bien nettoyée des mauvaises herbes.

On cultive en France de nombreuses variétés de froment. Elles sont trop connues pour en donner ici la description. Les *gros blés* ou blés barbus, réussissent mieux que les blés fins dans les terres humides, sur des prairies défoncées, ou enfin dans un sol riche, et où les blés sont sujets à verser.

Lorsque la terre a été bien ameublie, l'on sème le blé par un beau temps, vers le milieu d'octobre. En général on sème à la volée 2 hectolitres par hectare. Aujourd'hui l'usage de planter le grain à la main tend à remplacer partout le semis à la volée ; si ce mode prend plus de temps, il en résulte une économie de plus de moitié de la semence, et le rendement est plus considérable, la qualité du grain plus uniforme et supérieure. Cela se conçoit en ce que toutes les graines sont enterrées à la profondeur la plus convenable.

Quand on veut économiser un semoir, on peut planter le blé à la main et au piquet. Une famille composée du père, de la mère et de deux enfants peut aisément planter un hectare par jour. Un temps viendra où on ne voudra plus semer le blé qu'au semoir.

On recouvre la semence avec la charrue ou la herse. Ce dernier mode est bien préférable, en ce que la herse recouvre les graines plus également que la charrue et achève d'ameublir la terre.

Après un double hersage pratiqué sur toutes les parties ensemencées on relève avec le buttoir la terre abattue dans les sillons, et on la ramène sur les ados pour que le terrain soit bien nivelé et ne retienne l'eau nulle part.

Au lieu de herse, la plupart des cultivateurs se servent du râteau à main pour ameublir la terre. C'est une perte de temps très-regrettable. La herse est un ustensile de première nécessité dans le système d'agriculture actuelle ; toutes les plantes que nous recherchons le plus veulent une terre bien ameublie, c'est-à-dire hersée.

Les blés de semence doivent être achetés, et non pris dans la récolte précédente. Les blés durs d'Angleterre, les blés durs de Toscane sont fort recherchés comme grains de semence.

Pour préserver le blé de la *carie* il est bon de le *chauler* avant la semaille, c'est-à-dire de le tremper dans l'eau de chaux pendant 24 heures.

M. de Dombasle chaule un hectolitre de grain en l'arrosant avec huit litres d'eau dans laquelle il a fait fondre une livre et demie de sulfate de soude. (On trouve cette substance chez les principaux droguistes et pharmaciens.) Il remue le tas de froment jusqu'à ce que tous les grains soient imprégnés du mélange. Ensuite il répand sur le tas, en continuant de le remuer, 2 kilos de chaux vive en poudre, légèrement mouillée.

On sème le froment du 1er octobre au 15 novembre. Les semailles tardives ne réussissent que dans les terres riches.

Après l'hiver il faut rouler les froments en terre légère et herser ceux qui sont en terre forte. La racine soulève la terre au pied de la plante dans le premier cas ; dans le second, la terre est croûteuse et a besoin d'être divisée pour laisser passer l'air.

Si le blé est trop vigoureux au printemps et donne beaucoup de feuilles, on coupe à la faucille l'extrémité de ces feuilles, qui donnent un fort bon fourrage, et on préserve son blé de la verse.

Vers le mois de juin il faut enlever à la main les mauvaises herbes ; on emploie comme fourrage celles qui sont mangeables ; les autres sont jetées sur le tas de compost.

Quand le grain est formé et laiteux (de mai à juin), les ardeurs du soleil après une forte rosée l'exposent au *coulage*. On le préserve de ce danger en le *cordant*. Deux personnes promènent à la hauteur des épis un cordeau tendu qui les secoue, pour en faire tomber la rosée. On n'a recours à cette opération que par les temps chauds et calmes ; on conçoit que si le vent s'en charge lui-même, il n'y a pas lieu de s'en occuper.

En France, on moissonne le froment vers le 16 juillet dans le Midi, à la fin de juillet dans les pays du centre, et au commencement d'août dans les contrées du Nord.

Dans la grande culture on emploie la faux et même les mécaniques moissonneuses qui deviendront, il faut l'espérer, moins chères, plus simples qu'aujourd'hui et d'un usage plus général. La sape et la faucille remplacent la faux dans la culture en sillons. La sape est plus économique et moins fatigante que la faucille.

En général, c'est à tort qu'on ne coupe les blés que lorsque leur maturité est complète.

Il en résulte une grande perte de grain, et ce grain récolté trop sec diminue de volume en se desséchant.

Il faudrait comprendre que le grain de froment ne reçoit plus rien de la terre lorsque la tige commence à jaunir ; c'est l'air et le soleil qui achèvent de le mûrir, et il mûrit mieux coupé que debout. Il faut donc couper le blé dès qu'il commence à jaunir. Le grain sera plus abondant, plus volumineux, et la paille plus nourrissante; en effet, elle gardera les sucs qu'elle eût perdus en restant debout pour être desséchée par le soleil.

La meilleure manière de préserver des pluies et de faire mûrir le blé nouvellement coupé, c'est de rassembler les javelles en *moyettes*.

Une moyette se construit en assemblant

en rond des javelles autour d'une autre javelle placée au centre; les épis sont placés sur cette javelle centrale. On élève l'édifice en rétrécissant le cercle successivement. Enfin on coiffe la pointe de la moyette avec une gerbe renversée et liée solidement par le haut. La pluie s'écoule tout entière à l'extérieur de la moyette, et le grain n'en reçoit aucune atteinte.

Le battage des grains se fait tantôt en été, tantôt en hiver, suivant les convenances locales. Les machines à battre tendent à simplifier cette opération; il est à désirer que les petits cultivateurs se cotisent entre eux pour acheter ou louer ces précieuses machines, qui leur donnent un égrenage plus complet, plus rapide et plus économique que les battages à la main.

Le grain battu, on l'étend dans un grenier frais et sec, bien aéré, surtout en couches de 40 à 50 centimètres au plus. En gros tas, il risquerait de s'échauffer.

Le froment de printemps est une variété précieuse pour la petite culture. Il ne demande pas une terre aussi forte que le précédent, mais il faut qu'elle soit fraîche et riche en humus. On ne le sème que quand le sol est bien ressuyé et surtout bien ameubli.

C'est surtout à la suite des pommes de terre et des betteraves que le froment de printemps donne de bonnes récoltes.

Après avoir préparé la terre par un bon labour, en automne ou en hiver, on sème au commencement du printemps au moyen d'un fort hersage.

LE SEIGLE.

Le seigle ne se cultive que dans les terres légères et même sablonneuses, et trop pauvres pour produire le froment. Il convient aussi dans les landes nouvellement défrichées.

On le sème après les vesces, le sarrasin, les pommes de terre, enfin à la suite des plantes qui laissent la terre bien ameublie et bien nettoyée d'herbes parasites.

Il ne faut pas semer le seigle sur un fonds solide, tel que les trèfles rompus, ni le semer tardivement ou dans une terre humide. On sème de septembre à novembre; le plus tôt est le mieux lorsque le temps sec le permet.

Au printemps, on herse, si la terre est dure, et on roule, si elle est boursouflée par les dégels.

Le seigle doit être coupé dès que la paille commence à blanchir, surtout lorsque les nœuds commencent à perdre leur couleur verte.

Dans le voisinage des villes on cultive avec avantage le seigle pour fourrage. Il donne du lait excellent et en abondance aux vaches qu'on nourrit de ses tiges vertes. Dans ce cas, on le sème plus dru que lorsqu'il est cultivé pour graine. D'abord on donne une demi-fumure avant de semer; puis après qu'on a coupé le seigle au printemps on donne une seconde demi-fumure, et l'on plante des pommes de terre. On obtient ainsi deux riches récoltes dans l'année.

ORGE.

L'orge aime une terre légère, mais riche et fraîche, et bien ameublie. Les terres grasses et froides ne lui conviennent pas.

Dans les terres argileuses, il faut à cette céréale une bonne fumure et un ameublissement complet.

Après les plantes racines, l'orge donne de bonnes récoltes, et exige moins de travail pour ameublir le sol; après le froment, les chances sont moindres, et c'est un usage auquel nos cultivateurs devraient renoncer; mais que la routine est tenace!

On sème par un temps bien sec, en avril, dans les terres fortes; en mars, dans les sols légers.

S'il survient immédiatement une pluie qui

durcisse la terre, il faut donner un coup de herse avant que l'orge lève.

Contrairement au blé, l'orge ne doit être coupée que lorsqu'elle est complétement mûre. Mais il faut surveiller ce moment ; car, si on tarde trop, la paille se brise et les épis se dispersent et s'égrènent.

Il y a une espèce d'orge d'hiver, dite *escourgeon*, qui est cultivée, dans certaines contrées, comme plante fourragère. C'est une nourriture excellente pour les vaches laitières. On la sème en automne, dans un sol riche et bien ameubli. On fauche cette orge au printemps et on lui fait succéder, dans la même année, une récolte de pommes de terre.

AVOINE.

Cette céréale est moins délicate que les autres ; elle se plaît mieux dans les terres argileuses que dans les sols sablonneux. Elle ne craint pas non plus les sols humides et tourbeux ; aussi la sème-t-on volontiers sur une prairie naturelle qu'on vient de rompre.

On fume rarement l'avoine ; c'est un tort, surtout quand on y joint l'autre tort de la semer après le froment. Deux céréales successives sont une cause d'épuisement pour la terre. Au contraire, après une plante sarclée ou une plante fourragère, l'avoine donnera un bon produit, surtout si on l'a fumée avec du fumier de vache.

On cultive plusieurs variétés d'avoine; l'avoine dite commune est la plus recommandable. L'avoine dite d'Orient ou de Hongrie est excellente, mais elle est plus difficile que l'autre sur le choix du sol.

On prépare la terre par un labour d'automne; on sème en février ou mars, à raison de 2 ou 3 hectolitres à l'hectare. On enterre avec la herse, et on roule, si la terre est trop légère. Il faut sarcler au mois de mai, car l'avoine est sujette aux mauvaises herbes.

On coupe l'avoine à moitié verte, et on laisse le grain mûrir en javelles pendant une semaine.

L'avoine, cultivée en vert, donne un fourrage excellent. Sa graine est l'aliment tonique par excellence des chevaux. Mais elle leur profite de moitié davantage quand on la leur donne broyée ou concassée. Cette graine donne au porc un lard exquis.

MAÏS.

Le maïs, ou blé de Turquie, est une plante propre aux climats chauds. On ne le cultive en France que dans le Midi, et dans quelques contrées de l'Ouest et du Centre, douées d'un sol un peu chaud. A partir de Paris et dans le Nord, le maïs n'est plus qu'une culture d'amateur, et encore ne le cultive-t-on que comme fourrage.

Le maïs veut un climat chaud, une terre riche et légère, bien fumée et bien ameublie.

Il faut ne le semer qu'en avril, lorsque les gelées blanches ne sont plus à redouter.

On prend de la graine de deux ans ou d'un an au moins, on la fait baigner l'espace de 24 heures dans de l'eau de fumier, et on la ressuie pour la planter.

On ouvre, avec le rayonneur, des rigoles peu profondes à 75 centimètres les unes des autres. On y jette les grains un à un de 10 en 10 centimètres; puis on les couvre avec le dos de la herse.

Quand le maïs est haut d'un pied, on sarcle et on butte chaque pied pour le rafraîchir et le raffermir.

Au mois d'août, on coupe l'extrémité des tiges, afin de développer les épis en détournant la séve. On donne aux vaches ces bouts de tiges.

On plante, dans les intervalles des tiges de maïs, des haricots, des choux repiqués, des topinambours, et même des citrouilles.

On récolte le maïs à la fin de septembre, en rompant les épis qu'on rassemble dans des paniers ou des sacs ; on coupe ensuite les tiges à part, et on les donne aux vaches, qui en sont très-friandes.

On dispose les épis de maïs en tas dans la grange ; au bout de plusieurs jours il en sort une humeur, on enlève les feuilles qui les enveloppent. Les plus grosses sont données au fourrage, les autres servent à garnir les paillasses. A Paris, la feuille de maïs se vend, pour cet usage, de 30 à 40 cent. le kilogr.

On trie les épis les plus forts pour semence. On leur laisse leur enveloppe et on les suspend quelque part, dans un endroit sec à l'abri de l'humidité.

On met les épis au four après la cuisson du pain, pour qu'ils achèvent de sécher et s'égrènent facilement.

On égrène les épis au fléau, ou mieux en les frottant contre une lame de fer.

Quant aux *chatons* qui portent les grains, au lieu de les brûler, comme on le fait dans quelques contrées, il faut les couper en petits morceaux, et les faire cuire pour les donner à manger aux vaches.

Dans les terres convenables et bien cultivées, le maïs donne de 50 à 60 hectolitres à l'hectare. Sa farine donne une nourriture très-substantielle, et rivalise avec le froment dans plusieurs parties du monde, entre autres aux Etats-Unis d'Amérique. En France, elle sert à l'alimentation des populations rurales dans plusieurs contrées du Midi ; dans d'autres pays, on l'emploie à engraisser les porcs et les volailles, les oies, etc. Enfin, cultivé pour fourrage, le maïs est un aliment de première qualité.

SARRASIN.

Le sarrasin ou *blé noir* n'est point une céréale à proprement parler; mais, comme sa graine produit une farine propre à nourrir l'homme et les animaux, laissons-le figurer avec les céréales.

On le sème après le seigle ou le lin dans quelques pays, après le colza ou la navette dans d'autres, enfin après les vesces ou autres plantes fourragères.

Il faut au sarrasin une terre peu riche, plutôt chaude et sablonneuse que fraîche.

Il vient également bien dans les sols calcaires et schisteux. On peut se dispenser de le fumer, pour peu que le terrain l'ait été l'année précédente. Néanmoins, des cendres de bois ou de tourbe, ou des varechs, ne peuvent que lui être profitables.

On sème le sarrasin au mois de mai seulement, d'abord parce que les gelées blanches lui sont fatales, ensuite parce qu'il pousse rapidement.

On sème un hectolitre par hectare dans les contrées chaudes, un peu moins dans les climats humides, cinquante litres environ dans le nord. Dès que la moitié des graines de sarrasin sont mûres, ce qui arrive en septembre, on le coupe et on le dispose en javelles posées debout, en écartant le pied des tiges. On les laisse ainsi sécher, puis on bat au fléau ou à la machine.

La farine de sarrasin sert à la nourriture de l'homme, dans la Bretagne surtout; elle est surtout excellente pour engraisser les volailles.

On coupe le sarrasin en vert pour fourrage, au moment de sa floraison. C'est une pauvre nourriture. Quelquefois on le sème pour fumer les terrains maigres en l'enterrant tout vert.

RENDEMENT DES CÉRÉALES.

Avec des fumures convenables, et en suivant un assolement bien entendu, ainsi que nous l'expliquerons plus loin, tout cultivateur sachant son métier doit récolter annuellement, par hectare, de 25 à 36 hectolitres de froment; 20 à 30 d'orge; 25 à 40 de seigle; 30 à 40 d'avoine, et 30 à 40 de maïs dans les pays favorables à cette plante. Autrement il est au-dessous de sa tâche.

Toutes ces plantes sont les plus essentielles pour la nourriture de l'homme ; mais leur culture exige des terres riches, bien cultivées et surtout bien pourvues d'engrais. Autrement, le cultivateur n'en tire que de chétives récoltes qui couvrent à peine ses frais et ses peines.

Nous ne saurions trop lui recommander, quand il n'a pas assez de fumier pour cultiver avec succès les céréales, de s'attacher aux plantes dont nous allons parler, et d'augmenter immédiatement son bétail et ses engrais. Hors de là, pas de salut pour lui. Tout est là en agriculture : Fais des prés si tu veux des blés. Ce n'est pas ce qu'on sème, mais ce qu'on fume qui rapporte.

Les Allemands, qui sont meilleurs cultivateurs que nous, ont un proverbe qui exprime bien cette vérité : Quand le boucher entre chez toi, le boulanger est déjà à la porte.

IX. — PLANTES SARCLÉES.

Ces plantes, qui remplacent les anciennes jachères sont la vraie source de la prospérité agricole. Outre la nourriture qu'elles donnent à l'homme, elles lui permettent d'élever et d'engraisser un nombreux bétail dont le fumier double la fertilité de ses terres.

Ces plantes ont deux autres avantages :

1° De purger la terre des mauvaises herbes que les céréales y amassent en grande quantité ;

2° De ne point épuiser la terre, parce que leurs principaux éléments nutritifs viennent ou du sous-sol ou de l'air, de l'air surtout.

Aussi, loin de nuire aux blés, leur préparent-elles la place, et les plus beaux froments sont ceux qui leur succèdent.

Un habile cultivateur doit donc leur consacrer au moins la moitié de sa terre. Il y en a pour toute sorte de terrains, il peut les varier en conséquence. C'est ce que nous allons établir de suite en les passant en revue.

POMMES DE TERRE.

Pour cette plante-là, nous n'avons pas besoin de faire son éloge. Contentons-nous de noter qu'il y a cent ans elle était inconnue du monde entier, et qu'aujourd'hui encore il y a peut-être d'autres plantes capables comme elle de nourrir l'univers, et dont nous dédaignons la culture par ignorance ou faute de réflexion. En attendant, nous savons que la pomme de terre est la plus précieuse récolte des terres en jachères. Outre ses propriétés pour l'engraissement des bestiaux, elle offre une ressource précieuses aux pauvres familles en temps de disette. Cultivons-la le mieux possible, mais que son exemple nous apprenne à ne pas dédaigner les autres conquêtes de la science agricole.

Tous les terrains sont bons à la pomme de terre, mais il faut qu'ils soient bien ameublis et bien fumés. Les terres sablonneuses donnent des pommes de terre en abondance, si on a eu soin d'y enfouir une plante verte en guise de fumier. Dans les terres argileuses, le fumier de vache ou de porc est très-convenable à cette plante.

Il y a une multitude innombrable de variétés de pommes de terre. Choisissez dans chaque pays celles qui sont le plus estimées, et tâchez d'en avoir de plusieurs saisons ; on en récolte depuis le mois de juillet jusqu'au mois d'octobre.

Après un froment, on donne un premier labour en automne, et on fume en hiver. On donne un second labour en mars, quand la terre est suffisamment ressuyée, puis on herse ; et, enfin, on lui donne en avril un troisième labour pour planter de la façon qu'il suit : on divise le champ en larges planches, et l'on en ensemence deux. La personne qui plante les tubercules dans les raies est suivie à distance suffisante par la charrue, qui recouvre une planche pendant qu'elle ensemence l'autre.

On plante de deux raies l'une, et on réserve l'autre pour les espèces tardives. On peut même les espacer de trois en trois, si on a trois variétés. On laisse assez d'espace entre les lignes pour le passage des sarcloirs et des buttoirs, qui opèrent mieux et plus vite que la main seule.

On donne un hersage aux pommes de terre au moment où elles sortent de terre, pour aider leur développement. Plus tard, lorsqu'elles ont près d'un pied de hauteur, on les butte avec la charrue à deux versoirs. Il faut que cette façon ait lieu avant la floraison.

L'arrachage des pommes de terre a lieu lorsque les fanes se dessèchent.

Quelques cultivateurs ont l'habitude de couper les feuilles pour nourrir les bestiaux. C'est une pratique vicieuse; la récolte en souffre, et les animaux ne sont pas bien nourris.

On conserve les pommes de terre dans des silos, où il faut les ramasser bien sèches et les maintenir au frais, à l'abri de la chaleur et de l'humidité.

Avant la maladie qui la désole, la pomme de terre rendait de 3 à 400 hectolitres par hectare. Aujourd'hui, il faut s'estimer heureux quand on en récolte la moitié.

TOPINAMBOUR.

Cette plante n'est guère en usage dans la petite culture ; elle ne convient qu'aux grands domaines qui ont de vastes étendues de terres médiocres. Sa culture est la même que celle des pommes de terre; mais on la sème en automne et on la récolte au printemps. Sous ce rapport, le topinambour est précieux pour continuer l'engraissement du bétail.

BETTERAVE.

Il y a quelques années à peine, cette plante n'était cultivée que comme légume pour la nourriture de l'homme. Aujourd'hui, elle joue un rôle important comme nourriture du bétail.

La betterave réussit bien dans toute sorte de terrains, mais à condition qu'ils soient profondément défoncés, parfaitement ameublis et richement fumés. Un labour en automne et deux au printemps sont nécessaires. La méthode qui donne les meilleurs résultats est celle du repiquage, surtout dans les terres fortes. En terre sablonneuse et légère, on peut s'en tenir au semis.

Voici un procédé excellent, dû à M. Bodin, directeur de la ferme de Trois-Croix, et par lequel cet habile agronome cueille jusqu'à 100,000 kilos par hectare.

Au second labour de printemps, on trace des billons étroits dans lesquels on répand du fumier de vache. On enterre ce fumier de manière à ce qu'il se trouve sous les billons, et on repique les betteraves au-dessus. La racine, de cette façon, plonge dans le fumier, et acquiert un volume considérable.

Les semis destinés à la transplantation se font en mars ou avril, pour repiquer en mai ou juin. On prépare une pépinière avec une terre bien fumée et bien ameublie; on place le semis en ligne, et on le recouvre avec du terreau et une légère couche de crottin de cheval.

On transplante en lignes distantes de deux pieds environ, et on laisse un pied et demi entre chaque plant. A cette distance, les racines deviennent plus grosses, et les binages et sarclages s'exécutent plus aisément.

Les semis sur place ont lieu fin avril en terre forte, et un mois plus tôt dans les terres légères. On fait tremper la graine dans de l'eau de fumier, pour la ramollir, pendant deux ou trois jours; puis on sème au semoir ou à la main. On s'y prend à trois pour accélérer l'opération. La première personne fait, avec une petite houette, des trous de 3 centimètres de profondeur, et distants de 50 centimètres ; la seconde met 3 ou 4 graines dans chaque trou ; enfin la troisième recouvre les trous d'un peu de terre. Si on a du terreau ou de la poudrette, cette troisième personne en déposera utilement une petite quantité sur les graines ; rien de meilleur pour le développement des plantes. Il faut fouler la terre avec le pied en recouvrant la graine.

Quand les plantes ont trois ou quatre feuilles, on ne laisse qu'un pied dans chaque trou, on les sarcle ensuite chaque fois que les herbes parasites s'y montrent. La houe à cheval exécute rapidement ce travail.

Les feuilles de betteraves sont un fourrage médiocre, mais qu'on ne peut dédaigner dans les années de sécheresse ; on ne cueille que celles qui s'abaissent vers la terre et qui commencent à jaunir. On risque de nuire aux racines en cueillant les autres.

Cette culture, exécutée avec soin, donne des produits précieux pour l'engraissement des bestiaux. Le marc des betteraves employées à faire de l'alcool et du sucre est excellent comme nourriture. C'est ce double profit qui fait de cette plante une source de richesse inestimable dans les grandes exploitations sucrières du département du Nord.

CAROTTES, PANAIS.

Ces plantes-racines, qu'on sème toujours en place, sont un produit excellent. Les carottes à collet vert surtout rendent de grands services pour la nourriture des chevaux.

On cultive ces plantes comme la betterave; mais elles sont plus exigeantes pour l'ameublissement du terrain; les sarclages et les binages ne sont jamais trop fréquents, surtout quand on les cultive dans les terres fortes. Elles se plaisent davantage dans les terres sablonneuses et profondes.

On prépare le terrain par 3 ou 4 labours profonds suivis de hersages. On sème, comme pour la betterave, sur de petits billons, et on recouvre très-peu la terre. Si on sème en lignes, 4 à 5 kilog. de graine suffisent pour un hectare. Dans un sol riche et parfaitement ameubli, on peut semer des carottes au printemps dans le lin, dans le seigle ou le froment. On arrache les carottes à la pelle ou mieux avec une fourche à dents plates. S'il pleut, on les laisse laver par la pluie; ensuite on les ramasse dans les silos ou les celliers. La carotte et le panais sont moins sensibles au froid que la betterave.

Tous les animaux mangent la carotte avec plaisir. Elle est supérieure à la betterave pour donner du lait aux vaches ; mais elle lui communique sa saveur.

Le panais est encore supérieur à la carotte pour l'engraissement des bestiaux. On ne doit semer que la graine d'un an au plus ; à deux ans, on ne serait pas certain de la levée.

NAVET, CHOU-NAVET, RUTABAGAS.

Ces plantes se cultivent à peu près comme la betterave. Elles réussissent surtout dans les terres nouvellement défrichées.

Les semis de navets, faits en juin ou juillet, donnent de grosses racines en octobre. Il faut les faire consommer avant les autres racines, parce qu'ils se conservent plus difficilement.

Les rutabagas doivent toujours être transplantés, parce que les jeunes plants sont délicats et veulent une terre parfaitement travaillée et fumée. On les transplante par un temps humide, s'il se peut ; ils reprennent avec peine par un temps de sécheresse. On écarte moins les plants que pour les betteraves. On arrose les navets et les rutabagas avec du purin étendu de dix fois son volume d'eau.

En général, l'engrais liquide est précieux pour les plantes-racines.

Ces racines doivent produire environ 40 à 50 mille kilog. par hectare. Pour les conserver, on arrache leurs feuilles, qui sont bonnes comme fourrage pour les vaches; puis on les dispose en tas contre un mur, en les couvrant de terre et de paille.

X. — PLANTES FOURRAGÈRES.

Les prairies naturelles sont insuffisantes dans la plupart de nos exploitations agricoles. On y remédie par les fourrages artificiels, dont les principaux sont : le trèfle, la luzerne et le sainfoin.

DU TRÈFLE.

On cultive quatre variétés de cette plante. Ce sont : le trèfle des prés ou trèfle commun ; 2° le trèfle blanc ; 3° le trèfle incarnat ou d'Italie ; 4° le trèfle à fleurs jaunes.

Le trèfle se plaît dans les sols argileux calcaires bien ameublis. Dans les terres froides, aigres et acides, il faut y répandre de la cendre ou de la chaux en grande quantité.

On sème le trèfle avec la céréale qui suit une plante sarclée, c'est-à-dire une céréale de printemps ; on le sème aussi avec le sarrasin. On sème 15 à 20 kilog. de graine par hectare, par un temps couvert; puis on recouvre avec le dos de la herse ou en traînant un fagot d'épines sur le sol.

A l'entrée de l'hiver, on étend sur la tréflière du fumier de vache ou de porc. Cette fumure abrite le trèfle contre les gelées et donne de la vigueur au fourrage.

En avril, par un matin de forte rosée, on sème à la volée 200 litres de plâtre en poudre sur chaque hectare. Dans la Flandre on cendre le trèfle avec de la cendre de tourbe, ou on le fume avec des engrais liquides, ou du compost de terre et de chaux, arrosé d'urine.

On garde une tréflière deux ans, et on enterre après la seconde coupe. Il faut ne ramener le trèfle dans le même champ que tous les six ou sept ans.

On fauche la première coupe en juin lorsque le trèfle est en fleurs, et, autant qu'il se peut, par un beau temps. On le laisse en andains un jour et demi ; on les défait le lendemain, et on les convertit en petits tas de 50 à 60 centimètres de haut et de large. En trois jours le trèfle est à moitié sec ; alors on l'entasse en petits meulons, où l'air puisse pénétrer et circuler. S'il pleut, et que la pluie entre dans ces tas, on les défait, puis on les retourne après la pluie.

Une bonne tréflière doit produire 5,000 kilos à l'hectare pour la première coupe, et 3,000 pour la seconde.

Le trèfle incarnat, originaire du Midi, se plaît dans les terrains sablonneux et légers, surtout lorsqu'ils contiennent du calcaire; les sols argileux ne lui conviennent pas. On le sème en août après une céréale. Si cette céréale a laissé la terre en bon état, un hersage suffira pour la semence, qu'on enterrera avec un traîneau d'épines. On emploie 30 kilog. de semence par hectare; si on choisit celle qui n'est pas séparée de son enveloppe, qui lève mieux, on en sèmera 100 kilog. On fauche ce trèfle dès qu'il commence à fleurir.

LUZERNE.

C'est le meilleur et le plus abondant des fourrages; mais la luzerne ne s'accommode pas de toutes les terres. Elle exige un sol riche, profond, et dont le sous-sol ne soit pas chargé d'humidité. Les terres qui contiennent du calcaire lui conviennent assez généralement : j'en ai vu réussir dans des terrains sablonneux où l'on semait de la chaux en notable quantité.

On sème cette plante, comme le trèfle, dans une céréale. Elle n'est en plein rapport que la troisième année; mais, dans les bons terrains, elle peut durer dix ou douze ans. Aussi ne doit-on rien négliger pour bien préparer le terrain destiné à la recevoir.

Les racines pénètrent à un mètre et au delà dans le sol. Si elles y rencontrent de l'argile épaisse, la plante succombera; mais si elles s'implantent profondément, le fourrage abondera tout l'été, même dans les grandes sécheresses.

On prépare le sol l'année précédente par des cultures sarclées, puis on donne une riche fumure ; elle est d'autant plus utile qu'elle doit servir longtemps, car on ne rompt les luzernières que de la huitième à la dixième année.

Au printemps on donne à la jeune luzernière un coup de herse, pour lui incorporer les terreaux, la chaux, les cendres, les fumiers bien consommés et autres substances analogues, mais par-dessus tout le plâtre. Ainsi que le trèfle, la luzerne se coupe de bonne heure et on échelonne les coupes de manière à ce qu'elles se suivent sans interruption. Une bonne luzernière est un trésor pour l'éleveur de bétail; et, une fois établie, elle ne demande d'autres soins que quelques fumures, et de temps en temps un peu de plâtre en poudre.

LUPULINE OU MINETTE.

C'est une sorte de luzerne plus petite que la luzerne proprement dite, et moins productive. On la sème dans les terres calcaires et sèches, où les autres fourrages viendraient mal. Si elle ne pousse pas haut, on la fait pâturer; puis on l'enterre toute verte, pour fumer la terre. C'est un bon engrais vert.

On sème 20 kilogrammes de graine par hectare.

SAINFOIN.

Le sainfoin est un fourrage excellent et très-recherché des bestiaux. Il se plaît dans les sols calcaires même de médiocre qualité. Dans le voisinage des fours à chaux, où on peut se procurer cette substance avec facilité, le sainfoin donne du foin supérieur à celui des prés.

On sème, comme pour le trèfle et la luzerne, dans une céréale, et on enterre la graine à la herse. On met six hectolitres par hectare.

Le sainfoin, comme la luzerne et le trèfle, s'accommode de tous les sols, pourvu qu'il y entre du calcaire. Un labour profond, une terre ameublie et bien nettoyée et bien fumée, un ou deux hersages et un mélange de terreaux calcaires, tels sont les moyens d'avoir de bon sainfoin.

Le sainfoin ne donne qu'une coupe; il vaut mieux le faire consommer sec que vert.

VESCES.

Les vesces aiment un sol argileux, où elles succèdent avantageusement aux céréales. On donne un labour après la céréale, puis un second labour pour semer. On sème 3 hectolitres de graine par hectare, puis on enterre avec la herse.

On sème aux mois de septembre ou octobre la vesce d'hiver, et en mars, après un labour d'hiver, la vesce d'été. Ce fourrage doit rendre de 4 à 5,000 kilog. à l'hectare.

On choisit pour graine les plantes les moins vigoureuses; elles rendent plus que les autres.

LUPIN JAUNE ET BLANC.

Le lupin est une plante fourragère très-estimée dans les pays méridionaux. Il convient peu aux contrées du Nord, parce qu'il craint le froid. Le lupin jaune est plus robuste que le lupin blanc; c'est un fourrage précieux dans les terres pauvres et arides. On le sème également pour engrais vert. En Allemagne, cette plante a rendu d'immenses services; grâce à elle, on a pu convertir en terres arables de vastes étendues de pays incultes.

PIMPRENELLE.

Cette plante, qui forme d'excellents pâturages, se contente de toute sorte de terrains, pourvu qu'il s'y trouve du calcaire. On la sème en avril, et on la laisse pousser sans y toucher jusqu'à la fin de l'hiver. Alors on la fait pâturer par les moutons, qui s'en trouvent très-bien.

C'est une ressource précieuse pour les terrains pauvres et vastes dont on ne peut tirer parti pour la culture.

RAY-GRASS.

Cette plante est également propre aux prairies artificielles et aux prairies naturelles. On en connaît deux espèces : le ray-grass d'Italie et celui d'Angleterre. La première a la tige plus tendre et plus vigoureuse, mais elle est glus difficile sur le choix du terrain et dure moins. Elle veut une terre forte et substantielle; le ray-grass anglais, lui, réussit en tous terrains.

On sème en automne ou au printemps environ 50 kilog. par hectare; on recouvre très-légèrement.

Cette plante est estimée comme pâturage : les moutons recherchent beaucoup le ray-grass d'Angleterre; mais pour fourrage, celui d'Italie est préférable. Quand il doit être suivi d'une céréale, on enterre la dernière coupe pour la convertir en engrais.

CHICORÉE SAUVAGE.

Cette plante donne un bon fourrage aux vaches et aux cochons. Cependant il faut la mélanger avec d'autres fourrages pour les vaches; seule, elle diminuerait la qualité du lait.

On sème la chicorée sauvage en mars, dans une céréale de printemps, à raison de 15 kilog. à l'hectare. On ne la fait consommer qu'en fourrage vert.

DE LA FENAISON.

La fenaison des fourrages artificiels est plus difficile que celle des foins naturels.

Le trèfle et la luzerne doivent être peu remués pour conserver les feuilles; il suffit de retourner les andains sans les faner. On entasse ce fourrage en meules pour que la fermentation s'y établisse modérément. Ensuite on le met en bottes et on le porte au grenier.

Voici un autre moyen de sécher les fourrages, qui est d'un bon effet :

Le lendemain de la fauchaison, on met le foin en gros tas. Deux ou trois jours après, quand la fermentation l'échauffe, au point de ne pouvoir y plonger la main, on défait le tas, et le foin se refroidit à l'air ; on reconstruit encore un nouveau tas, en mettant à l'intérieur le foin qui était au dehors. La fermentation recommence ; quand elle est assez forte, on défait la meule et le fourrage sèche promptement.

Le trèfle, les vesces et autres fourrages ainsi traités ont une couleur brune d'assez triste aspect, mais les bestiaux les préfèrent à tous les autres fourrages.

XI. — PRAIRIES NATURELLES.

Bien que les prés donnent du foin et des regains sans culture, les cultivateurs ont un très-grand intérêt à s'en occuper. Pour en obtenir d'abondantes récoltes, il faut les arroser et les fumer.

Les terreaux ramassés dans les cours, les

balles de céréales et débris de graines, les cendres lessivées, la suie, etc., délayés dans les purins, sont de précieux engrais pour les prairies. Les purins, ajoutés à l'eau des irrigations, sont encore un puissant moyen d'en tirer des coupes extraordinaires.

Les prairies ainsi arrosées donnent jusqu'à 6,000 kilog. de foin par hectare.

Lorsqu'on veut transformer un terrain riche et frais en prairie, on commence par nettoyer le sol, en y cultivant une plante sarclée. A l'époque de la semaille on laboure, puis on herse en plusieurs sens, pour bien égaliser la surface. On sème les graines de prairie à deux époques de l'année : au printemps, avec une céréale, ou en septembre, seules ; c'est la meilleure saison. On sème souvent les graines ramassées dans les fenils, mais il faut faire attention quelles soient de bonne qualité et qu'elles conviennent à la terre qu'on convertit en pré.

Les ray-grass, la lupuline, le trèfle, le paturin des prés, la fétuque, la phléole, etc., sont les plantes les plus convenables pour les prés. En général, on sème à la volée, les graminées d'abord, les trèfles et lupulines ensuite, pour que la semaille soit égale partout. Le poids inégal de ces graines ferait tomber les unes plus près, les autres plus loin du semeur, s'il les semait toutes ensemble.

On recouvre ces semences avec un léger coup de herse. Il faut qu'elles soient très-épaisses. Une semaille faite en septembre donne une récolte au mois de juin suivant.

Quoique l'humidité soit utile aux prés, il faut éviter que les eaux y croupissent, ainsi que nous l'avons dit plus haut. Aussi le drainage y est-il fort utile.

Pour arroser les prés riverains d'un cours d'eau, on y fait des rigoles, où on pratique de petits barrages successifs avec des mottes de terre; on fait ainsi monter l'eau d'un barrage à l'autre jusqu'au haut du pré.

Au printemps on disperse la terre des taupinières et on herse avec des faisceaux d'épines, pour étendre les cendres et terreaux qu'on a répandus pour fumer le pré.

Il faudrait s'abstenir de faire pâturer les prés dans les saisons de pluies. Le pied des vaches enfonce dans le sol et y fait des trous et des inégalités très-nuisibles à l'herbe. C'est surtout après les gelées que ce genre de dégât est préjudiciable aux prairies.

Les prairies hautes doivent être mises en culture tous les dix ou quinze ans. Après une année de céréales suivie de plantes sarclées, le tout avec de bonnes fumures, on les remet en nature de pré, et elles donnent des produits beaucoup plus abondants que si on les avait abandonnées à elles-mêmes.

DE LA FENAISON.

La bonne qualité des foins dépend, avant tout, des soins et de l'intelligence qu'on apporte dans la fenaison.

Une faute trop générale chez les cultivateurs, c'est de faucher les foins trop tard. L'herbe doit être coupée en pleine fleur, car c'est à ce moment qu'ellle est le plus riche en sucs nourrissants et surtout en sucre. Ces sucs s'en vont avec la fleur, et plus tard le foin perd une grande partie de sa valeur.

Aussitôt le foin coupé, on l'étend au soleil et on le retourne deux ou trois fois par jour. Dès qu'il est assez sec, on le met en gros tas ou andains. On défait ces andains et on les refait jusqu'à ce que le foin soit tout à fait sec. Alors on le dispose en grosses meules où il subit une fermentation qui en développe les qualités. Après cette fermentation, on le met en bottes et on le rentre. Le foin se conserve mieux en bottes que tassé dans un fenil, et on mesure mieux la ration des animaux.

On fauche les prairies artificielles comme le foin, lorsque les plantes sont en fleur. Ces plantes sont plus difficiles à sécher que le foin et elles perdent plus facilement leurs feuilles. Il en résulte une difficulté qu'on peut tourner de la façon suivante. Disposez votre herbe en un gros tas le lendemain de la fauchaison. En deux jours elle sera en fermentation, et la chaleur sera telle que la main s'y tiendra difficilement. Alors défaites le tas pour refroidir le fourrage et le dessécher un peu. Le soir refaites le tas; puis défaites-le de nouveau jusqu'à ce que la fermentation ait cessé. Alors votre herbe est bonne à botteler et elle constitue un fourrage nourrissant et plus recherché des animaux que le foin ordinaire.

II. — PLANTES LÉGUMINEUSES FARINEUSES.

HARICOTS.

Le haricot n'est pas assez cultivé en agriculture. C'est pourtant une plante d'un beau produit.

On le sème au mois de mai plutôt à la fin qu'au commencement, car les gelées du printemps lui sont redoutables. Bien entendu, il s'agit de haricots nains; les haricots à rames sont un produit du jardinage. On en sème deux hectolitres par hectare dans une terre parfaitement fraîche et ameublie, ni trop sèche ni trop mouillée, après une récolte d'avoine sur vieux fumiers. On ouvre des rigoles de trois à quatre centimètres de profondeur, à un demi-mètre les unes des autres ; on y répand douze graines par mètre, on enterre puis on passe le rouleau par un temps sec.

On arrache les haricots mûrs au mois de septembre, on les lie en petites bottes, puis on les laisse sur le terrain, les gousses en bas, les rames en l'air, pendant trois ou quatre jours; enfin on les rentre et on les étend sur des perches en un lieu abrité, mais bien aéré, grenier ou hangar.

Lorsqu'ils sont bien secs, on les égrène au fléau.

En moyenne le haricot doit donner de 25 à 30 hectolitres par hectare. Aux environs de Soissons, il y a des fermiers qui paient leur fermage avec les haricots, du reste fort renommés, de ce pays. A Paris, on les paie de 40 à 50 fr. l'hectolitre, ce qui porte a 1,200 fr. environ le revenu d'un hectare. Ce n'est point là une plante à dédaigner; sans compter que la terre est toute préparée pour recevoir le froment de l'année suivante.

POIS.

Les *pois* ou *petits pois* aiment un sol moyen, c'est-à-dire ni très-léger ni très-gras. On les fume peu, mais avec du fumier bien consommé. N'y mettez pas de fumier pailleux.

On déchaume au mois de septembre. Six semaines plus tard on donne un labour profond; au printemps, si la terre est maigre, on y répand des boues de ville, du compost ou du fumier bien consommé; on herse immédiatement après. On ouvre des rigoles de près de dix centimètres où on espace les graines à cinq centimètres les unes des autres; on laisse une raie vide sur deux, de manière qu'il y ait un espace de trente-deux centimètres entre les plants de pois.

On arrache les pois en août, quand les feuilles jaunissent; on les dispose en bottes et on les laisse ainsi sur le champ pendant quelques jours; puis on rassemble plusieurs bottes en une masse et on rentre sa récolte en cet état.

On fait manger les fanes sèches de pois aux vaches et aux moutons.

Les pois rapportent en moyenne de 20 à 25 hectolitres par hectare. Ils ne sont pas d'un moindre rapport que les haricots.

FÉVEROLLES.

La féverolle, nommée en quelques pays *fève de cheval*, se plaît dans les terres argileuses épaisses, dans les terres argilo-sableuses, dans les prés nouvellement rompus. On la fume avec du compost, des cendres, du purin et du fumier de vache. Elle se cultive du reste de la même manière que le haricot.

LENTILLES.

La lentille se cultive de la même façon que le haricot. On a généralement le tort grave de la semer dans des terrains pauvres et mal fumés. Dans un sol de fertilité moyenne et bien ameubli, la lentille donne un produit assez avantageux. On la sème en mars à raison de 2 hectolitres au moins par hectare, dans des raies distantes de 50 centimètres. On sarcle et on bine au besoin. Enfin, quand les gousses brunissent, on arrache et on fait sécher, comme pour les haricots.

On donne les fanes de lentilles pour fourrage aux bestiaux.

FÈVES.

Les fèves aiment les terres fortes et épaisses. On les sème en lignes, pour pouvoir y opérer des binages, en février ou mars, à raison de trente graines par mètre. On donne un vigoureux hersage quand les graines sont levées, puis on bine quand les mauvaises herbes se montrent.

Toutes ces plantes sont d'un bon produit et préparent bien la terre pour une récolte de froment.

XIII. — PLANTES INDUSTRIELLES.

On appelle ainsi les plantes qui ne servent à nourrir ni l'homme ni les animaux et qui sont utilisées par l'industrie. Ce sont, par exemple : 1° les plantes *textiles*, c'est-à-dire dont on fait des *tissus*, telles que le chanvre et le lin ; 2° les plantes *tinctoriales*, c'est-à-dire qui servent à la *teinture* : le pastel, la garance, etc. ; 3° les plantes *oléagineuses*, ou servant à faire de l'*huile*, comme le colza, l'œillette, etc.

Remarquons que les plantes industrielles exigent une terre plus riche que les autres, parce qu'elles ne lui rendent rien ou presque rien, tandis que les plantes fourragères, et même les céréales, rendent au sol, sous forme de fumiers la nourriture qu'elles y ont prise.

Ne vous laissez donc pas allécher par le haut prix des plantes industrielles, car il faut déduire du bénéfice qu'elles vous rapportent les fumures qu'elles vous coûtent et qu'elles ne peuvent remplacer. De là la nécessité d'acheter des engrais, tels que le noir animal, le guano, etc. Cependant il y a des plantes qui, bien que cultivées dans un but industriel donnent du fourrage et de l'engrais comme accessoires. Ainsi le colza donne ses fanes comme fourrage et comme litière. Aussi aurons-nous soin de tenir compte de cet avantage en parlant de leur culture. Mais, avant tout, songez à bien entretenir votre sol, et, en calculant la valeur de ses produits, tenez toujours compte de ce qu'ils rendent à la terre en même temps que du profit qu'ils vous rapportent.

PLANTES TEXTILES. — CHANVRE.

Cette plante veut une terre fraîche et profonde, bien défoncée et ameublie par plusieurs labours en un ou deux hersages. Les terres élevées et sèches ne lui conviennent pas.

On sème en mai, à la volée, 3 hectolitres par hectare; on recouvre avec la herse, puis on répand sur les semences une légère fumure de fumier chaud (cheval ou mouton).

Le chanvre pousse vigoureusement lorsqu'il est dans un sol qui lui convient. Il est alors inutile de le débarrasser des mauvaises herbes, mais il faut le préserver du bec des petits oiseaux qui en sont très-friands.

Lorsque le chanvre mâle est défleuri, on l'arrache brin à brin ; on n'arrache les brins femelles que quand la graine est mûre.

Il faut remarquer ici que, dans nos campagnes de l'ouest, on nomme mâle le chanvre femelle et réciproquement. J'ignore la cause de cette singulière méprise. Il est pourtant naturel d'appeler femelles les plants qui portent les graines, comme chez les animaux la femelle porte les petits.

LIN.

Le lin veut, comme le chanvre, une terre bien préparée et engraissée depuis plusieurs années.

Si la fumure est insuffisante, on peut y remédier en semant du guano.

Dans une terre de bonne qualité, on peut semer le lin sur une tréflière ou une prairie rompue, après un seul labourage. Cette semaille a lieu au printemps ou en automne. Le lin de printemps donne une filasse plus fine.

On sème 2 ou 3 hectolitres de graine par hectare, et on la couvre légèrement avec une herse ou un râteau. On sème plus épais encore, si on veut avoir une filasse fine. On sarcle avec soin le jeune plant, lorsqu'il est envahi par des herbes étrangères.

Lorsque le lin commence à jaunir, on l'arrache avec la main. On le lie en poignées qu'on fait sécher en les posant debout sur le sol. Huit ou dix jours après, la graine étant sèche, on égrène le lin en le battant sur un billot avec un morceau de bois de forme arrondie.

DU ROUISSAGE.

On fait rouir le lin ou le chanvre en les faisant séjourner dans l'eau pendant huit à dix jours. Les eaux stagnantes sont plus efficaces que les eaux courantes, mais les émanations en sont malsaines ; il faut choisir celles qui sont éloignées des habitations.

Après le rouissage, on fait sécher au four les tiges du chanvre et du lin. Ensuite on les broie pour en séparer l'écorce ou la filasse.

La graine du lin se vend au commerce, et s'emploie rarement pour semence. Les cultivateurs trouvent de l'avantage à semer les graines qui nous viennent de Russie, sous le nom de lin de Riga.

PLANTES A HUILES. — COLZA.

Le colza affectionne les terres fortes et les climats humides et brumeux. C'est une riche source de revenus dans le nord de la France et en Belgique. On le sème de deux façons : ou en pépinière, aux mois de juin et juillet, pour le transplanter en automne; ou à la volée, vers la fin de juillet, pour le laisser à demeure. De cette façon, on sème de 7 à 8 kilos par hectare.

La terre, bien entendu, doit avoir été bien ameublie et bien fumée avant la semaille. Les meilleurs engrais pour le colza sont le fumier de mouton ou de cheval, les boues d'étang et le guano.

On récolte le colza dès que les gousses commencent à jaunir ; il ne faut pas attendre la parfaite maturité du grain, on en perdrait trop en ramassant la récolte. On laisse le colza coupé en javelles pendant trois jours ; ensuite on en dresse des meules qu'on couvre de paille. On défait ces meules au bout de six semaines et on bat le colza en grange.

Le colza rend jusqu'à trente hectolitres par hectare. Mais on se contente de vingt, et c'est encore un beau bénéfice.

Les racines de colza desséchées servent à chauffer le four dans les familles peu aisées.

Les pailles sont utilisées pour litières, et les siliques ou gousses sont mêlées au fourrage ; mais il est bon de les amollir d'abord en les passant à l'eau bouillante.

NAVETTE.

Cette plante est plus avantageuse que le colza dans les terres de médiocre qualité. Les sols légers et nouvellement défrichés lui conviennent assez, et, dans ce cas même, elle ne réclame pas d'engrais. Les fumures, dans les autres cas, ainsi que les travaux de culture, sont les mêmes que pour le colza. On sème la navette d'hiver d'août à septembre, à raison de 4 à 5 kilos par hectare. La navette de printemps se sème en janvier, lorsque les gelées ont détruit les semences d'automne.

OEILLETTE OU PAVOT.

L'œillette veut une terre riche et bien ameublie. On la sème en automne et même en hiver ; elle est assez rustique et résiste bien aux rigueurs de cette dernière saison. On sème à la volée, à raison de 2 kilos 1/2 par hectare. On recouvre légèrement avec le dos de la herse, puis on passe le rouleau. Sarclez avec soin les mauvaises herbes à mesure qu'elles se montreront.

Quand les têtes du pavot commencent à jaunir, il faut les arracher doucement et en les tenant droites pour éviter des pertes de graines. Un autre mode d'opérer consiste à couper les têtes sur place, puis à les serrer dans des draps ou des sacs, pour achever de les sécher au grenier.

XIV. — ÉCONOMIE DU BÉTAIL. — ASSOLEMENT.

N'ayez que la quantité de bétail que vous pouvez bien nourrir. Le bétail mal nourri ne donne ni engrais, ni lait, ni viande. Il faut que vos cultures soient dirigées avant tout vers la nourriture des bestiaux, ils vous donneront la vôtre avec l'abondance des fumiers. Un hectare de blé bien fumé vous donnera plus que deux mal fumés, et avec moitié moins de peine.

Pour que votre assolement remplisse ces conditions, vous partagerez vos terres en quatre parts ou soles, autant, du moins, que le comporteront leur nature et les débouchés qui vous sont ouverts. Dans chaque sole vous ferez succéder au blé, qui est une plante épuisante, un fourrage artificiel, qui est une plante améliorante ; la troisième année vous mettrez une céréale de printemps, orge, avoine, froment, etc., suivant la qualité de votre terre ; et la quatrième, des plantes-racines :

betteraves, carottes, navets, pommes de terre, etc. (1).

Une terre ainsi cultivée, moitié en grains, moitié en nourriture pour les bestiaux, se maintiendra dans une fécondité continuelle. Si vous y joignez un quart de prés naturels vous pourrez avoir une ou deux têtes de bétail de plus, et le tout n'en vaudra que mieux.

LE CHEVAL.

Si vous avez des terres fortes à labourer et des charrois difficiles et nombreux à exécuter, le cheval vous convient mieux que le bœuf. Alors logez-le dans une écurie disposée comme l'étable pour l'écoulement des urines ; que l'air y circule largement ; que les murs soient blanchis à l'eau de chaux et que le plancher ne soit pas traversé par la poussière du fenil. Il faut que ce plancher soit haut de quatre mètres et que le cheval

(1) Une plante épuisante est celle qui mûrit sur pied avec ses graines, comme le blé, parce que la racine seule nourrit la graine lorsqu'elle commence à mûrir. Les plantes qu'on coupe en vert ne consomment jamais tout leur engrais, qui est le principal agent de leur nourriture, et leurs racines engraissent la terre. Les plantes-racines aussi reçoivent plus de l'air que de la terre, et sont également améliorantes.

ait un mètre et demi carré d'espace; autrement il manque d'air.

Il faut au cheval qui fatigue cinq kilos de foin, autant de paille hachée et deux litres d'avoine par jour. L'avoine, comme toutes les graines, profite deux fois plus lorsqu'on la donne broyée qu'entière. Cela se conçoit : la farine qu'elle contient est mieux digérée par le cheval. Ajoutez des carottes hachées au fourrage du cheval, il s'en trouvera mieux.

Si vous avez une jument qui porte, il faut la nourrir avec des soins particuliers et les continuer pendant l'allaitement du poulain. Mêlez de l'eau chaude à son fourrage, et ajoutez-y des carottes cuites et des grains broyés. Ne la faites travailler qu'au bout de trois semaines, et modérément après la mise bas; si elle s'échauffait, son lait perdrait sa qualité.

Le poulain sera sevré à six mois, et on l'habituera peu à peu au régime de la mère.

Il faut étriller et brosser avec soin les jeunes chevaux. Les bons éleveurs donnent les mêmes soins aux bœufs et aux vaches, et ces animaux s'en trouvent fort bien. Pourquoi pas? Est-ce que les soins de propreté, la pureté de l'air ne sont pas un besoin commun à l'homme et à ses bestiaux? Le bon sens le dit et l'expérience le confirme.

Que vos animaux aient toujours une litière fraîche, qu'ils respirent toujours un air pur et sain, que la transpiration de la peau soit stimulée par des lavages et des brossages fréquents, leur santé et leur embonpoint seront votre récompense.

XV. — DE L'OUTILLAGE.

Il faut beaucoup de travail à la terre, jamais elle n'est trop travaillée; aussi les instruments qui font le plus de besogne, et avec économie de temps, sont-ils d'un grand secours au cultivateur. Mais la mécanique agricole est peu avancée chez nous et ses produits coûtent très-cher. Il est prudent de n'acheter que ce qui est indispensable. Souvent les petits cultivateurs pourraient s'entendre et se cotiser pour acheter les grandes machines. Par exemple, cinq cultivateurs habitant la même vallée dépensent à eux cinq 250 fr. par an pour leur battage. Si en se cotisant pour avoir une machine à battre ils réduisaient ces frais de moitié ou des deux tiers, leur machine serait payée en deux ans et l'économie de peine et de temps serait autant de profit pour l'avenir. Ajoutons qu'ils pourraient louer à d'autres la machine et en payer une partie avec le prix du louage.

Les tarares, si précieux pour épurer les graines de semences; les concasseurs pour les graines, qui les rendent si profitables au bétail; les moulins à farine, qui affranchissent du lourd impôt payé au meunier, tous ces ustensiles, trop chers pour un ménage seul, peuvent s'acquérir en société. Les faucheuses mécaniques, pour les foins et les blés, peuvent aussi, achetées et louées, donner une très-grande économie dans la main-d'œuvre.

Les charrues qui défoncent profondément le terrain; les herses (la plus utile de toutes est la herse-Bataille, qui tient lieu de charrue et de rayonneur, opère trois fois plus vite et s'adapte à tous les terrains, grâce à ses lames mobiles), les houes, buttoirs, sarcloirs à cheval, sont des instruments très-utiles pour la culture améliorante. N'hésitez pas à les acheter, ils vous rendront des services dix fois supérieurs à la dépense qu'ils vous auront coûtée.

XVI. — GRANGES ET HANGARS.

La grange et les hangars sont nécessaires pour abriter contre les pluies les fourrages, le bois et les ustensiles de toute sorte, même les charrettes, etc. Ces objets coûtent fort cher et les intempéries les dégradent promptement : le fer se rouille; le bois travaille, se fend et se tord. Tâchez de disposer votre paille et votre foin en meules bien régulières et bien tassées; le fourrage est meilleur conservé au grand air que dans les fenils, et réservez les constructions abritées pour votre matériel, ce sera double profit.

XVII. — A LA MAISON.

Pendant que le mari est aux champs et travaille la terre avec son fils ou son aide, la maison n'est ni déserte ni oisive. Là règne, gouverne et travaille sa compagne, honnête et laborieuse créature, qui ne commande à ses inférieurs que ce qu'elle ne peut faire elle-même. Toujours la première au travail et la dernière au repos, c'est l'âme de la maison, l'ange gardien du foyer, le bon conseil et le bras de son mari. Tout s'anime, tout marche par ses soins; les bestiaux reçoivent leur ration; les écuries sont nettoyées, les porcs sont soignés, la basse-cour est approvisionnée; le jardin est cultivé, et enfin les gens de la maison trouvent leur soupe servie en rentrant au logis.

C'est une rude vie que celle de cette vaillante fermière; mais l'habitude du travail, la santé, fruit d'une vie sobre et active au grand air, les traditions modestes et honnêtes du foyer paternel, lui ont inoculé, dès l'enfance, le goût de ses occupations.

Quel malheur que ces heureuses dispositions n'aient pas été secondées par une instruction appropriée à son état! Elle y aurait puisé bien des notions et des recettes qui auraient amélioré les fruits de son travail; elle y trouverait plus de profit et de bien-être pour elle et sa famille.

Essayons d'y suppléer, s'il est possible, et après l'avoir saluée avec le respect dû à ses humbles et fortes vertus, asseyons-nous à son humble foyer, et tâchons de l'aider de quelques avis utiles.

XVIII. — SOINS DU BÉTAIL.

Visitons d'abord l'étable des vaches. Il est convenu que nous voulons beaucoup de lait et beaucoup de fumier; pour cela, notre bétail restera à l'étable la majeure partie du temps. Il ne sortira que le matin et le soir pour s'abreuver. Donc il faut que l'étable soit saine et spacieuse. Elle aura au moins 10 pieds de haut et chaque vache occupera 3 mètres carrés. Le sol sera ou pavé ou couvert de terre glaise ou de marne bien battue, de manière que l'urine ne s'infiltre pas dans la terre; il sera en pente, et au bas une rigole conduira les urines dans le réservoir à purin. Enfin une fenêtre à châssis mobiles, placée au haut du mur vis-à-vis la porte, servira à renouveler l'air pendant l'absence des animaux. Si vous faites des économies sur ces détails, vous les paierez au vétérinaire; vos animaux seront moins vite engraissés et vous aurez moins de lait et de beurre. La santé et l'embonpoint de vos bêtes, c'est la moitié de votre avoir.

Nourriture. — Vos vaches recevront une quantité d'aliments proportionnée à leur poids. Généralement une vache s'entretient avec 5 kilos de fourrage et de la paille à discrétion. On donne le matin une ration de foin; vers huit heures, des betteraves ou des navets; à onze heures, de la paille; à deux heures, des racines; à quatre heures, du foin; à six heures, de la paille : cela fait six rations. On peut se contenter, à la rigueur, de quatre. Mais il est essentiel de les donner à des heures fixes. 12 à 15 kilog. de plantes-racines, ajoutés aux fourrages, donnent un embonpoint remarquable aux vaches et accroissent notablement la quantité de lait. Si vous hachez menu le fourrage, et coupez les racines en très-petits morceaux, la nourriture profitera davantage. Donnez-leur aussi une sorte de *soupe* faite d'eau tiède mêlée avec de la farine d'orge, des feuilles de choux ou des racines hachées. Pour l'engraissement, les racines valent mieux cuites que crues; mais pour la production du lait, c'est différent.

Voici un moyen économique de faire cuire les racines. Mettez un chaudron plein d'eau sur le fourneau de buanderie, placez sur le chaudron une barrique défoncée dont le fond sera percée de trous. Vous le remplissez de racines hachées, et le recouvrez d'un vieux linge mouillé, plus, d'un couvercle en bois, et vous faites bouillir l'eau du chaudron. La vapeur de cette eau fera cuire vos racines en peu de temps et à peu de frais.

Les pommes de terre, les betteraves et autres racines, peuvent être cuites au four après qu'on en a retiré le pain.

Servez les aliments des vaches dans des mangeoires basses, et leurs fourrages dans des ratеliers peu élevés. Il se perd une grande quantité de nourriture dans les fermes où ces objets manquent ou sont mal disposés.

Un peu de sel mêlé aux aliments stimule la digestion et profite à la santé du bétail.

Une bonne méthode encore, c'est de faire fermenter les racines pendant vingt-quatre ou quarante-huit heures, selon la saison.

Cette fermentation stimule puissamment la digestion, et les animaux profitent mieux et plus vite.

Usez le moins possible du pâturage. Un demi-hectare de prairie artificielle nourrira mieux deux vaches qu'un hectare de ces pâturages maigres qu'on voit dans les campagnes mal cultivées.

Il faut que les bêtes se reposent une heure après chaque repas ; ne les menez à l'abreuvoir qu'après qu'elles auront passé cet espace de temps à *ruminer* leur nourriture.

Prenez garde que votre mare ne soit trop voisine du tas de fumier. C'est une peste pour le bétail. Qu'elle soit bien nettoyée au fond, et que les rigoles par où les eaux de pluie s'y rendent soient garnies de sable et de gravier. Il faut que l'eau soit aussi pure qu'il sera possible. Au besoin, vous pourrez garnir le fond avec de la poussière de charbon. Il sera bon aussi de l'ombrager par de fortes haies et des arbres, pour que les rayons du soleil ne corrompent pas l'eau en l'échauffant. Les maladies et l'amaigrissement des bêtes sont dus en grande partie à l'eau corrompue des mares où elles s'abreuvent. Ne laissez votre mari en repos que lorsqu'il aura mis les choses en cet état.

Lorsque vous voudrez engraisser vos bêtes à cornes, vous augmenterez peu à peu la ration de foin et de betteraves, et vous ajouterez quelques kilogr. de farine grossière d'orge, de féveroles, de tourteaux d'huile, enfin des substances farineuses que vous aurez sous la main. Trois mois de ce régime suffiront pour accroître notablement la valeur de vos bêtes, et vous les vendrez d'autant plus cher.

DES VEAUX.

Quand on veut livrer les veaux tout jeunes au boucher, on les laisse téter à discrétion; mais si on veut les élever, on les sèvre dès les premiers jours, on leur donne le lait de la mère, d'abord pur, puis on y ajoute de l'eau tiède avec de la farine d'orge, ou des pommes de terre écrasées, des tourteaux. On augmente peu à peu la dose de ces aliments en diminuant celle du lait, et enfin on le supprime tout à fait. Au bout de deux mois on commence à donner au veau des fourrages secs.

Choisissez vos vaches parmi les bonnes races du pays. La race bretonne est petite, mais sobre et bonne laitière; la race flamande est plus gourmande, mais elle donne plus de viande, et son lait produit plus de beurre. Que votre choix soit fixé d'après les débouchés que vous offre la contrée que vous habitez.

Par-dessus tout, donnez de l'air à vos étables et nettoyez-les parfaitement au moins deux fois par semaine. Les exhalaisons de la litière en fermentation sont très-nuisibles aux bestiaux ; et le fruit de vos dépenses en nourriture et en bons soins sera perdu sans celui-là.

DES BOEUFS DE TRAVAIL.

Outre le produit des bêtes à cornes en viande et en lait, calculez le prix de leurs travaux comme bêtes de trait. Le bœuf coûte moins à nourrir que le cheval; mais son travail est lent. En revanche, le cheval exécute plus adroitement divers travaux de culture, tels que binages, battages, etc. Enfin le bœuf donne à son maître, quand il est vieux, le produit de sa chair, tandis que le cheval coûte cher acheté jeune, et diminue de prix en vieillissant. Ajoutez que le moindre accident peut lui ôter sa valeur.

On attelle les bœufs au joug pour les faire travailler. C'est un tort; le collier est préférable. La force du bœuf est dans les muscles de ses jambes, et non dans le cou et la tête ; avec le joug on lui fait dépenser beaucoup de force en pure perte. Ne vous refusez donc pas la dépense d'un collier, vous la retrouverez dans le travail de vos bœufs.

PORCS ET TRUIES.

Le toit à porcs demande des dispositions qui sont très-rarement prises. On croit à tort que les goûts sordides de ces animaux les rendent insensibles à la malpropreté. Rien n'est plus faux. Il faut que leur toit soit bien propre, que les murs soient secs et le plancher pavé, ou au moins garni de terre dure, comme celui des étables. On doit aussi séparer les porcs de divers âges et de sexe différent, lorsqu'ils ne sont pas châtrés. Les bons éleveurs les brossent, les lavent même, et les baignent avec soin, pour entretenir leur santé et activer leur aptitude à l'engraissement par la transpiration de la peau.

Choisissez vos élèves dans une race des plus estimées du pays. Les races anglaises croisées avec celles de nos contrées sont les meilleures.

Votre truie donnera par an deux portées de huit à dix porcelets chacune. Vous la soignerez de votre mieux pendant la gestation, et surveillerez le moment du part; à mesure que les petits naissent, il faut les enlever et ne les rendre à la mère que lorsqu'ils sont tous venus; sans cela, quelques-uns seront écrasés ou étouffés.

Pendant qu'elle allaite, votre truie recevra de la farine d'orge, des fèves avec de l'eau tiède, plus une bonne nourriture, pour qu'elle soit bien pourvue de lait. Vous renouvellerez souvent sa litière pour que ses petits soient chaudement et sèchement couchés.

A un mois on commence à sevrer les porcelets; on remplace peu à peu le lait de la mère par du lait écrémé, mêlé à de l'eau, du son et des farines, carottes, pommes de terre cuites, etc. On leur donne d'abord, quatre ou cinq repas, puis on les réduit au régime des adultes, c'est-à-dire à trois repas par jour.

Les porcs ont un estomac très-robuste, et se nourrissent de mille objets divers qu'eux seuls peuvent utiliser. Le gland est leur aliment favori; comme les grains, il leur donne un lard ferme et de bonne qualité. Il est bon de les faire pâturer sous les chênes à l'époque où les glands tombent, ou mieux, de ramasser ces fruits pour les leur donner à l'étable.

Le cochon consomme avec avantage tous les débris de cuisine; l'eau de vaisselle est pour lui une boisson profitable. Les pommes de terre cuites, des grains égrugés, le son, les farineux de toute sorte, sont les aliments qui l'engraissent avec promptitude. Mais les liquides et même les racines lui profitent mieux à l'état aigre qu'à l'état frais. Aussi, dans une porcherie bien tenue, prépare-t-on un ou deux

9

jours d'avance les rations de boire et de manger. L'engraissement ne s'opère facilement et avec rapidité que lorsque le porc est élevé, c'est-à-dire vers un an, un an et demi. Jusque-là on le nourrit avec 10 à 12 kilos de fourrages verts, mêlés aux racines, comme pour les bêtes à cornes.

Surtout ne négligez pas la cuisson des aliments et l'eau tiède pour boisson. Faites agir le tout, comme je viens de le dire, tout ira bien de cette façon et votre porcherie sera la source d'un bon revenu.

BREBIS ET MOUTONS.

La bergerie doit aussi offrir suffisamment d'air à ses hôtes; ce n'est pas ce qu'on voit habituellement, tant s'en faut. Qui en est victime? Hélas! c'est l'éleveur; les maladies des moutons n'ont pas d'autre cause, et leur engraissement est moitié plus lent et jamais aussi complet.

Sachez qu'un mouton doit avoir au moins deux mètres carrés et que la hauteur de la bergerie doit être de deux à trois mètres, pour que l'air n'y soit pas étouffé, encore faut-il renouveler fréquemment cet air. Cela est de toute nécessité pour la santé et l'embonpoint des têtes à laine plus que pour toutes les autres.

Il faut à chaque mouton 4 kilos d'herbe

ou de racines par jour pour l'entretien seulement. Le régime d'engraissement demande des rations doubles.

Pour le pâturage, les lieux secs et élevés leur conviennent mieux que les pacages bas et humides. Evitez par-dessus tout de les mener dans les herbes marécageuses. Si vous êtes obligé de leur donner des pâtures humides, que ce soit par les temps secs et chauds.

Les brebis qui portent et qui allaitent ont besoin d'une nourriture substantielle et abondante. A cinq mois on sèvre les jeunes agneaux et on remplace successivement le lait par de l'herbe tendre, du foin et de l'eau tiède mêlée à de la farine et du son. Les fourrages artificiels, préparés comme nous l'avons dit plus haut, sont très-profitables aux brebis et moutons. En hiver on peut y ajouter des branches d'arbres qu'on a cueillies avant la chute des feuilles. L'orme, le frêne, le tilleul, l'érable, le coudrier fournissent ce supplément de fourrage. On met ces menues branches en fagot et on les fait sécher dans un lieu abrité contre l'humidité.

Dans la bergerie il faut séparer les mâles des femelles et les agneaux de la mère lorsqu'on veut les sevrer. On commence par les plus forts.

On fait parquer les moutons et brebis dans

les pâtures, en les entourant de barrières. On change de parc à mesure que l'herbe est tondue, et on enterre le crottin, qui est une bonne fumure.

Le fumier de mouton est le plus chaud, ainsi que celui de cheval. Si vous avez des terres humides et des terres sèches, séparez vos fumiers en deux tas; donnez aux terres sèches le fumier de vache et de cochon, le fumier de mouton et de cheval aux terres humides et froides. Si, au contraire, tout votre sol est de même nature, faites un seul tas de vos fumiers.

XIX. — LE MÉNAGE. — LA LAITERIE.

Nous avons dit toutes nos sympathies pour la maîtresse du logis. Il s'ensuit que nous réclamons du propriétaire et du mari un intérieur digne d'elle, modeste et propre comme elle. Un plancher et des murs blanchis à la chaux, pour la pureté de l'air; des fenêtres assez grandes pour que le soleil ne marchande ni sa lumière ni sa chaleur; un pavage uni, sec et facile à tenir propre; des meubles vernis et luisants; que tout annonce l'ordre et la gaieté, l'harmonie et le contentement d'une famille riche de son honnêteté et de son travail, et heureuse du sort que Dieu lui a fait. Si modeste que soit le ménage agricole, il faut qu'on y voie, dans sa construction comme dans son arrangement, le respect de la dignité humaine.

LA LAITERIE.

Le lait est un des principaux produits de la culture. On le vend en nature si on est près des villes; si on en est éloigné on le convertit en beurre et en fromage: cela demande des soins et du savoir-faire, comme nous allons voir.

D'abord, il faut avoir soin de laver le pis des vaches avant de traire le lait. La qualité du beurre et du lait en dépend.

On traira les vaches deux ou trois fois par jour, et chaque fois il faut les traire *complétement;* sans cela le lait diminuera peu à peu. D'ailleurs le lait de la fin est le plus crémeux.

On cesse la traite deux mois avant le vêlage.

La laiterie doit être installée dans un lieu frais, bien aéré, et surtout à l'abri de toute odeur forte : voilà trois points essentiels. Un cellier est convenable pour la fraîcheur. mais surtout évitez le voisinage des fumiers ou des étables. Un autre point non moins essentiel, c'est que vos vases et ustensiles soient toujours d'une parfaite propreté. La maîtresse du logis ne s'en rapportera qu'à elle-même de ce soin, sinon son lait aura mauvais goût.

DU BEURRE.

Les pots de lait évasés et peu profonds, en forme de soupière, sont les plus convenables pour que la crème s'amasse vite et en grande quantité, à la surface. Plus la crème s'est vite formée, plus elle est douce et donne un beurre fin. Il faut donc baratter souvent lorsqu'on veut obtenir un beurre de bonne qualité. Les barattes qu'on manœuvre de haut en bas sont incommodes et d'un travail lent. Un bon mari ne saurait faire un cadeau plus opportun à sa femme, que celui d'une baratte-Valcour. Le beurre y est fait trois fois plus promptement, et le nettoyage en est très-facile. Il y en a de toute grandeur, suivant la quantité de beurre qu'on fait.

Il faut une chaleur de 12 à 15 degrés pour que le beurre se sépare aisément de la crème.

S'il fait froid quand vous barattez, ajoutez un peu d'eau chaude au lait, ou mieux baignez la baratte dans un vase contenant de l'eau chaude.

S'il fait trop chaud au contraire, et que le beurre se fasse difficilement, rafraîchissez la baratte dans un bain d'eau de puits très-fraîche, comme on fait pour la boisson à cette époque.

Le beurre fait, on le lave et on l'égoutte avec soin ; on en extrait tout le petit-lait si on peut, car c'est un obstacle à sa conservation.

Enfin, on jaunit sa couleur en mettant dans la baratte quelques fleurs de souci ou du jus de carottes.

LE FROMAGE.

On en fait d'innombrables variétés. Chaque pays a la sienne. Les uns sont faits avec du lait cuit ; tels sont les fromages de Gruyère, de Hollande, etc. Les autres sont faits avec du lait égoutté, comme ceux de Brie.

Il y a les fromages gras et les fromages maigres, c'est-à-dire faits avec ou sans la crème du lait.

On fait cailler le lait avec la caillette d'un tout jeune veau. Cette caillette, prise sur le veau qu'on vient de tuer, est lavée, puis on la fait tremper trois ou quatre jours dans du vinaigre et du sel, puis sécher. On l'emploie en cet état, en en trempant un petit morceau dans un verre de lait ; enfin on mêle ce lait à masse destinée au fromage. Quand le lait est pris, on le retire du vase et on le dépose, sans le briser, dans une *forme* ou vase, percée de trous par lesquels il s'égoutte en tous sens. Le fromage étant formé et assez solide, on le saupoudre de sel et on le place sur une claie où il sèche à loisir.

Le lait de brebis et de chèvre n'est employé que dans les fromages, soit seul, soit mêlé avec le lait de vache. Il est pauvre en beurre.

XX. — LA BASSE-COUR.

Une habile ménagère peut tirer bon parti des animaux de basse-cour. Il arrive même parfois que cette branche de revenus est supérieure à celle des étables et des bergeries ; mais ayons moins d'ambition. Même comme simple accessoire, la basse-cour vaut la peine qu'on s'en occupe. Quatre sortes d'élèves la composent le plus habituellement : les poules, les dindes, les oies et les canards, enfin les lapins.

DES POULES.

Il faut que votre poulailler soit exposé au midi ou au levant, à l'abri du vent et de l'humidité. Ayez un coq pour dix ou douze poules. Ce coq aura de dix mois à cinq ans d'âge; qu'il soit de taille moyenne, hardi, vif, batailleur même, et ardent à défendre ses poules. Avec ce coq-là tous les œufs seront féconds.

Les poules de petites races sont les meilleures couveuses. Donnez-leur la préférence si vous voulez élever des poulets; au con traire, si vous spéculez sur les œufs frais, choisissez une race plus grosse; les poules qui n'aiment pas à couver pondent davantage. Le mieux est de s'assortir de plusieurs variétés à la fois.

Défiez-vous d'une poule qui chante et d'un coq qui se tait.

Ainsi que les coqs, les poules sont propres à leurs fonctions jusqu'à cinq ans. A ce moment, il faut les engraisser et les remplacer.

Votre poulailler sera tenu très-propre; les ordures en seront fréquemment enlevées, la paille des nids renouvelée deux ou trois fois par mois. Enfin, si les insectes tourmentent les poules, vous l'enfumerez en y brûlant quelques poignées de bruyères ou de thym.

Les ouvertures seront disposées de manière à renouveler l'air à volonté et à y faire pénétrer un peu de jour; vous les fermerez avec des volets pour qu'il règne au poulailler une obscurité qui est du goût des pondeuses en général.

Le perchoir aura des barreaux gros de 5 centimètres, pour que les poules le serrent sans effort avec leurs pattes. Ces barreaux seront à 40 centimètres l'un de l'autre.

Les paniers à pondre seront dans la partie la plus obscure et la plus retirée du poulailler. Il faut qu'ils soient assez grands pour que la pondeuse ou la couveuse s'y retourne sans froisser sa queue, assez profonds pour qu'elle puisse s'y cacher, et assez peu pour qu'elle observe au dehors sans trop lever la tête. Une cour plantée d'arbres convient bien pour un poulailler; les poules y trouvant de l'ombre et quelques fruits à picorer, se plaisent à y séjourner.

Les poussins, au sortir de l'œuf, peuvent marcher et courir; mais il faut les retenir sous l'aile de la mère le premier jour. On leur donne ensuite un jaune d'œuf dur émietté, du pain, de la bouillie, etc.; ensuite on les nourrit avec des herbes et des bouillies, orties, laitues poireaux, légumes, des graines broyées, et enfin des verres de terre.

On tâche de réunir les poussins sous la même poule à mesure qu'ils éclosent, et on place les œufs non éclos sous une autre poule. Mais il faut que cela se fasse en l'absence et à l'insu de la couveuse, qui pourrait faire un mauvais parti aux nouveaux venus, si on ne les mêlait habilement à ses petits.

Quand les poulets se nourrissent seuls, il faut séparer avec soin les couvées de divers âges, afin que les plus petits ne soient pas les victimes des plus forts. A cette époque, on leur donne des pâtées de blé noir, de pommes de terre écrasées, de farine de maïs, d'orge, des herbes cuites hachées, et enfin des vers de terre. On peut toujours affecter un coin de basse-cour à la reproduction de ces vers; pour cela, on y met du fumier dans un trou avec des débris de boucherie, sang, tripes, etc. On couvre le tout d'un peu de terre, de paille et de planches. La fermentation y fait éclore des vers par myriades. Une pelletée de terre qu'on jette aux poulets les défraye pour un ou deux jours. On leur donne trois rations par jour.

Quand on veut porter les poulets au marché, on force leur nourriture pendant les huit ou dix derniers jours.

En vendant la moitié de ses poulets à cinq mois, on aura pour bénéfice l'autre moitié, réservée pour la production des chapons.

DES CHAPONS.

Je n'indiquerai pas l'opération du chaponnage, elle ne peut réussir qu'entre des mains exercées, et c'est en la voyant pratiquer qu'on peut l'apprendre. Pour engraisser ces animaux, on les enferme dans des cages étroites et obscures. On leur donne des pâtées composées de farines de maïs, blé, sarrasin, orge, pommes de terre cuites et vers de terre; les graines huileuses sont aussi très-avantageuses pour l'engraissement.

J'ai recommandé le nettoyage fréquent du poulailler. Il est entendu que les excréments des poules seront jetés dans la fosse au compost; ils forment, ne l'oubliez pas, la plus riche portion de cet engrais. On peut estimer à 1 franc par an le fumier d'un poule.

Du produit. On n'est pas d'accord sur le bénéfice d'une basse-cour. Le P. Espanet, qui est un maître consommé dans cet art, a fait ainsi le compte d'une basse-cour composée de 28 poules et 3 coqs : 226 douzaines d'œufs vendus 50 cent. chaque, soit 113 fr., plus 60 fr. de fumier, en tout 173 fr. Ces 31 têtes avaient dépensé 105 fr. de nourriture, ce qui réduit le bénéfice à 68 fr. Mais il faut observer que cette basse-cour était nourrie avec luxe. En même temps, il en gouvernait une autre de 600 poules nourries avec des graines germées (1), qui ont produit

(1) Semer des graines de blé, orge, maïs, etc., dans

3,900 douzaines d'œufs, vendus 1,900 fr.; la nourriture avait coûté moins de 900 fr.

100 poules produisant 200 poulets par an peuvent donner 200 fr. de bénéfice, sans compter des fumiers de qualité supérieure.

LE DINDON.

L'élève de cet oiseau n'est profitable que pratiquée en grand. Ce que l'on recherche dans la dinde, c'est sa chair et non ses œufs. Le département du Loiret est celui qui produit les plus beaux échantillons de cette race.

Le dindon est très-avide de racines, de fruits, salades, choux, betteraves, débris de légumes, etc. Il s'accommode sans danger de toutes sortes d'herbes nuisibles à d'autres animaux : belladone, jusquiame, ciguë, etc. On peut le laisser paître dans les prairies; son bec, plus pointu que celui de l'oie, laisse le cœur des plantes et ne fait que pincer les feuilles; ses déjections, d'ailleurs, sont bonnes pour l'herbe des prairies. C'est pour cela que de pauvres ménages peuvent élever un ou deux couples de ces oiseaux presque pour

une terre fraîche et humide, puis les donner aux poules quand elles sont germées et ont grossi de quatre et cinq fois leur volume; voilà une recette utile pour économiser les frais de nourriture.

rien en les menant paître le long des chemins.

La voracité du dindon rend son engraissement peu difficile ; on le gorge de substances farineuses, telles que pommes de terre, glands, farines, noix, betteraves, etc. Quinze jours suffisent pour engraisser les femelles ; les mâles demandent davantage, à moins d'être chaponnés. Un dindon chaponné, renfermé et mis à l'engrais, peut doubler son poids en vingt jours. Pour accélérer ce résultat, on lui pousse dans la gorge des boulettes de pâtée pendant les huit derniers jours de ce régime.

Ponte. La dinde n'a qu'une ponte par an, vers la fin de février ou en mars. Elle pond un œuf tous les deux jours, jusqu'à quinze ou vingt. Mais si on l'a empêchée de couver au printemps, elle fait une seconde couvée en août.

Il faut un mâle pour six femelles, sinon les œufs sont pour la plupart inféconds.

Les dindes cachent leurs œufs quand elles peuvent. On les en empêche en les retenant dans le local où elles ont perché pendant la nuit. On ramasse les œufs, et on en marque la date sur la coque. On réunit jusqu'à vingt œufs sous la couveuse ; ils éclosent du 30e au 32e jour, suivant la chaleur qu'ils reçoivent de l'air ou de la couveuse. Pendant qu'elle couve, la dinde oublie quelquefois de manger. On la prend sur son nid une fois le jour, et on la force à avaler une ration de pâtée. En même temps, on nettoie son nid, puis on l'y replace.

La dinde est si ardente à la couvée qu'on peut lui faire couver des œufs de poule, ce dont elle s'acquitte très-bien.

Eclosion. Les dindonneaux sortent de l'œuf avec un petit tubercule sur le bec. Il ne faut pas enlever ce tubercule comme le font certains maladroits; il ne faut pas non plus aider l'oiseau à briser la coquille. Laissez la nature faire son office.

Abstenez-vous aussi de faire manger les poussins au sortir de l'œuf. Il faut qu'ils se ressuient et se sèchent sous l'aile de la mère; la chaleur est leur premier besoin, et ils craignent beaucoup le froid, surtout le froid humide. Tous ceux qui se mouillent avant la mue succombent : aussi ne faut-il jamais laisser à terre le plat rempli d'eau où ils s'abreuvent.

Le lendemain de l'éclosion et les jours suivants, il faut donner la becquée aux dindonneaux, leur instinct est presque nul à cet égard. On les laisse sous la couveuse dans un local aussi chaud qu'on peut, jusqu'à la mue, c'est-à-dire à l'âge d'environ deux mois. On y couvre le sol, au besoin, d'une litière de fumier chaud, pour y maintenir une douce température, et on y ajoute quelques tas de sable ou de poussière, où les jeunes aiment à se vautrer.

A deux mois, ou même plus tôt, les dindonneaux acquièrent leur membrane rouge. C'est le moment d'une crise à laquelle succombent ceux qui n'ont pas été bien soignés. Ils perdent l'appétit et languissent plusieurs jours; alors il faut les tenir chaudement; ce soin, avec une bonne nourriture, est le meilleur moyen de les sauver. A partir de ce moment, les mâles se distinguent des femelles par un plumage plus vif et par un plus fort volume. Les uns et les autres croissent plus vigoureusement et pourvoient eux-mêmes à leur subsistance. On les mène aux champs avec les moutons et les chèvres, le matin et l'après-midi. Il faut les préserver de la pluie et des ardeurs du soleil. Les dindons sont de grands mangeurs de petits animaux : lézards, grenouilles, limaçons, sauterelles. A la suite de la charrue, ils picorent force vers de terre. En fait de végétaux, les fruits sauvages, mûres, glands, fraises, baies de sureau, de troëne et autres arbrisseaux sont pour eux la matière d'un bon régal; le pâtre abattra tous les fruits pour les en nourrir aux champs.

En outre, on peut les nourrir de racines

et de feuilles de légumes, salade, choux, betteraves, etc., surtout cuits et réduits en bouillie.

Une telle voracité rend facile l'engraissement de ces animaux. On y emploie tous les fruits et grains farineux, pommes de terre, topinambours, châtaignes, glands; on les gorge de ces matières plusieurs fois par jour, en les tenant renfermés dans un lieu chaud et peu éclairé. Quinze jours de ce régime suffisent pour engraisser les femelles, et vingt jours pour les mâles, surtout si on a eu soin de les chaponner. Par cet engraissement, leur poids peut-être doublé. Aux derniers jours, on leur introduit de force des boulettes de pâtée dans le gosier; cette nourriture forcée accélère l'engraissement auquel on veut les amener.

Quand les jeunes dindons sont sans appétit et mal portants, et que leur plumage se hérisse, donnez-leur force insectes et tenez-les en un lieu chaud ét sec.

Quand leur sang s'irrite, que leur peau se couvre de boutons, que les pattes s'enflent, et que le bas des plumes s'injecte de sang, donnez-leur à boire de l'eau soufrée.

Ce remède convient également aux poules dans le même cas.

L'OIE.

L'oie s'accommode mieux que le dindon des climats froids et humides; elle est moins délicate, et s'élève partout plus facilement. Le Languedoc et l'Alsace sont les pays où l'élève de l'oie se pratique avec le plus de succès et de profit. Toutes autres contrées de la France sont aussi propices à cette industrie, et comme elle est facile et d'un bon rapport, nous engageons vivement les familles rurales à s'y adonner.

Outre sa chair et sa graisse, l'oie donne pour profit à l'éleveur ses plumes d'ailes pour écrire, son duvet pour le plumassier, et au fourreur sa peau garnie de duvet, connue sous le nom de peau de cygne; enfin elle fournit ces gros foies, dont la pâtisserie confectionne des pâtés très-recherchés sous le nom de *pâtés de foie gras.*

On enlève le duvet sous l'aile, sous le cou, après avoir arraché d'abord les plumes. Cette opération a lieu trois fois l'année, en mars, juin et fin d'août. Pour tirer bon parti de ce produit, il faut que l'oie soit élevée proprement, qu'elle se lave souvent dans des eaux limpides et courantes. C'est son occupation favorite, quand elle n'est pas occupée à manger ou à dormir.

Habituellement l'oie vit bien en basse-cour

et n'est pas une mauvaise voisine pour les autres espèces. Mais au moment de la ponte et de la couvée, la femelle et le mâle deviennent ombrageux et cruels; il faut éloigner d'eux jusqu'aux petits enfants, qu'ils sont capables de maltraiter.

On leur donne pour asile un abri propre et bien aéré; l'odeur de leur fiente, forte et fétide, nuirait à leur santé, si on ne renouvelait souvent leur litière. On perce des trous au niveau du sol dans la paroi ou muraille de leur habitation. A l'intérieur, on place, le long des murs et dans les coins, des touffes de jonc et de hautes herbes marécageuses, plantées dans leur motte de terre. C'est dans ces herbes que les oies viennent pondre leurs œufs.

L'oie est un animal très-criard. Le moindre bruit la met en émoi, la nuit surtout, et elle vaut, à cet égard, le meilleur chien de garde pour une habitation. Comme elle n'est pas sujette à l'impôt, et qu'elle paie sa nourriture de ses produits divers, il y a tout profit pour les pauvres familles à remplacer le ch en par un couple d'oies.

La meilleure espèce, parce qu'elle est la plus grosse et la plus féconde, est l'oie dite de Toulouse. A huit mois, les oisons de cette espèce sont adultes; il leur vient, sous le ventre, une pelotte de graisse, qui commence dès lors à alourdir leur marche. Le bec est rouge et les pattes de couleur roussâtre. Le mâle ou jars est quelquefois coiffé d'un panache. Il en faut un pour quatre femelles. Il est généralement soigneux de ces femelles, il protége les petits avec sollicitude.

Ponte. C'est à la fin de l'hiver que l'oie commence à pondre ses œufs. Elle s'y prépare en amassant des brins de paille dans un coin obscur et très-retiré. Sa ponte se compose de 15 à 20 œufs seulement, si on les laisse dans le nid ; mais en n'y laissant que le dernier pondu, on obtiendra un œuf tous les deux jours pendant deux mois. On ne lui laisse couver que les quinze derniers, et on confie les autres aux dindes, et, au besoin, aux poules.

Pendant l'incubation, l'oie oublie le soin de manger, comme la dinde. Il faut la tirer de son nid pour lui donner sa nourriture, et l'y reporter ensuite, si elle ne s'y rend d'elle-même.

Au bout de huit à dix jours, il faut visiter les œufs et enlever ceux qui sont clairs. Ils sont encore mangeables, quoique d'un goût moins agréable.

L'éclosion a lieu à un mois. Les oisons sortent successivement. Il faut alors retirer les coquilles d'œufs à mesure que les oisons les brisent, et de peur que l'oie ne laisse les retardataires et ne s'attache aux premiers venus, on place ces derniers sous la couveuse la plus avancée.

Alors on nourrit les oisons comme les jeunes dindonneaux, avec une pâtée de laitue hachée avec de la mie de pain et des pommes de terre cuites et écrasées. On les tient chaudement pendant huit jours, jusqu'à ce que le duvet s'épaississe. A quinze jours on les laisse courir en liberté, mais en évitant qu'ils se mouillent. Ce n'est qu'après la mue, c'est-à-dire à deux mois, lorsque les plumes succèdent au duvet, que l'oison peut affronter les intempéries. Jusque-là la pluie, l'humidité, un soleil ardent, peuvent le tuer. Avec un peu d'attention on s'épargne aisément ces pertes.

Nourriture. Après la mue, les oisons se nourrissent seuls et sans frais. Un enfant les mène paître le long des haies, dans les chemins touffus, dans les terrains vagues, au bord des ruisseaux, etc. ; mais il faut leur interdire les jardins, qu'ils dévasteraient, et les prairies, où leur bec large et acéré coupe les plantes au ras des racines; d'ailleurs leur fiente infecte le pâturage. Du reste, voici les herbes qu'ils recherchent : les salades de tout genre, le mélilot, la persicaire, la julienne, le coquelicot, les chicorées, la nielle; enfin la betterave et le navet hachés leur sont un aliment très-profitable.

Avec ce régime, que complète chaque jour un bain dans une eau pure et courante, l'oison atteint en trois mois la période d'engraissement.

Alors il faut vendre ceux qu'on ne peut pousser plus loin faute de nourriture, et n'engraisser que suivant la quantité de nourriture disponible. Un oison adulte se vend couramment 4 fr. à l'engraisseur ; celui-ci le revendra, engraissé, 10 à 12 fr., et aura dépensé environ 3 fr. de nourriture.

Engraissement. On commence par mettre les oies en chair en augmentant leur nourriture, à laquelle on mêle des farineux, blé noir, avoine, maïs, orge, fèves, pois, les gousses de graines mêlées à des matières crayeuses, graviers, etc. Les graviers aident à la digestion des grains.

Lorsque l'oison est bien en chair, on l'enferme et on procède comme pour les dindons. Les aliments qui réussissent le mieux sont les substances farineuses et les graines à huile, faines, noix, lin, tourteaux, etc. Plus on en donne, plus tôt l'oison est engraissé. L'économie de temps rachète la nourriture. En vingt jours l'engraissement est complet ; l'oie ne peut plus marcher. Chez l'oie et le canard engraissés, le foie grossit démésurément, on l'emploie à des terrines et à des pâtés très-estimés dans le commerce des comestibles.

L'oie grasse pèse de 9 à 12 kilog., dont 1 kilog. pour le foie, qui se vend jusqu'à 7 fr., et 2 ou 3 kilog. de graisse supérieure à celle du cochon. Le reste se vend au prix de la viande de boucherie.

C'est une industrie très-lucrative, surtout quand on est à portée d'une grande ville. Le trafic des volailles grasses, activé par la circulation des chemins de fer, èst un puissant stimulant pour les fermières actives et intelligentes.

DU CANARD.

Les meilleures variétés de canards en France sont celles de Normandie et de Toulouse ; elles sont plus grosses et plus fécondes que les autres.

Cet oiseau a une chair délicate, et les gourmets préfèrent sa chair à celle de l'oie.

C'est un oiseau vorace, qui mange de tout et mange continuellement. Il est très-rustique, et une fois vêtu de son plumage, il sait se suffire à lui-même, pourvu qu'on lui donne une mare ou un courant d'eau. On lui prépare pour les pontes et les couvées un local bien aéré, avec des soupiraux à fleur de terre. On jette sur le sol de la terre sèche et légère, marne ou sable, pour absorber les déjections; on nettoie tous les huit jours et on jette le fumier sur le tas de compost. Comme pour l'oie, on dispose dans les coins des buissons, de hautes herbes et arbustes. Les canes viennent pondre en cachette dans ces touffes, au lieu d'aller cacher leurs œufs dans des lieux écartés. On fait entrer et sortir les canards par un petit trou ouvrant et fermant à fleur de terre par une trappe. Les canes veulent une retraite silencieuse, obscure et solitaire.

La cane commence à pondre au mois de mars; elle pond pendant trois ou quatre mois un œuf tous les jours, puis tous les deux jours. Après cette ponte elle cherche à couver. Lorsqu'on l'empêche, elle reprend sa ponte six semaines après, pendant trois ou quatre semaines. On peut en obtenir ainsi de 80 à 100 œufs par an; mais pour cela il faut visiter chaque fois tous les recoins où sont les œufs et les enlever pendant que les canes sont dehors, en ne laissant au nid que le dernier œuf pondu.

Les œufs de cane se vendent très-bien, les pâtissiers les préfèrent aux œufs de poule. On peut donc forcer la ponte des canes, et donner leurs œufs à couver aux dindes ou aux poules. Cependant il est bon de faire couver une ou deux canes pour leur confier tous les canetons. Chaque cane peut en conduire 50 à la fois.

L'incubation dure un mois environ. On prend les mêmes soins des canetons que des oisons (V. p. 116). Ils atteignent leur volume normal en cinq mois, et se nourrissent des mêmes aliments que les autres volailles. Mais il y a un moyen de les nourrir plus économiquement, c'est de former des flaques ou des fossés d'eau croupissante partout où le voisinage d'une mare ou d'un ruisseau rend la chose possible. Dans ces flaques d'eau ou fossés, il surgit une multitude d'insectes, de vers, de grenouilles, de têtards, etc., dont les canetons sont très-friands. A mesure qu'ils épuisent un fossé de ce genre, on leur en donne un autre.

Dans les chaumes, dans les prés fauchés, le canard trouve encore des aliments qui lui conviennent.

L'engraissement se pratique absolument comme celui des oies : il suffit de quinze jours pour l'obtenir. Pour avoir un *foie gras*, il faut gorger le canard de boulettes de farine d'orge ou de maïs, au point de le suffoquer à moitié.

En cet état le canard ne peut plus se tenir. Le développement excessif du foie est une maladie qui pourrait devenir mortelle ; il est prudent de le tuer avant de l'envoyer au marché.

Le duvet du canard est aussi recherché que celui de l'oie; sa chair l'est davantage.

Par l'engraissement, le prix d'un canard s'élève de 1 fr. 50 c. à 5 et 6 fr. Le foie seul vaut 2 fr. On obtient ce résultat avec un décalitre de maïs, c'est-à-dire avec une dépense de 1 fr. 25 c. en moyenne.

LE LAPIN DOMESTIQUE.

L'éducation des lapins est avantageuse pour un ménage rural. Ces animaux se multiplient avec une rare fécondité; on les élève rapidement et à très-peu de frais, et leur chair saine et nourrissante remplace avec avantage le lard et la viande de boucherie sur la table de famille.

Un instituteur, en Bretagne, établit, il y a cinq ans, une garenne domestique pour lui et ses écoliers; chaque jour ceux-ci lui apportent leur petite ration d'herbe et de feuillage vert. Chaque année le bénéfice s'élève de 4 à 500 francs, qui sont partagés de moitié entre le maître et les élèves. La part de ceux-ci est affectée aux livres de prix, plus à une fête de famille avec banquet général.

Local. Choisissez un local ni froid ni humide, et où l'air circule bien; pour cela, il faut que chaque case soit percée d'un trou au ras de terre. Je dis chaque case, parce que le lapin est un mauvais voisin, et toujours en guerre avec ses pareils. Ayez donc une case pour chaque mâle, une pour chaque mère qui allaite, une pour les petits sevrés, une pour les lapins de quatre mois, une pour les femelles du même âge, enfin une pour les lapins soumis à l'engraissement. Dans chaque case, placez un râtelier pour économiser la nourriture; les trois quarts sont perdus quand on la jette par terre. Que ces cases soient ouvertes par en haut pour les gouverner aisément et sans perturbation. Le treillage est le meilleur mode de séparation, parce qu'il favorise la circulation de l'air. Pour vingt lapereaux, il ne faut pas moins de 2m carrés; 75 centimètres suffisent pour les autres. Dans celle des mères, on place dans un coin une boîte à nichées, en bois ou en brique, à couvercle mobile, pour nettoyer la nichée et enlever les petits qui sont morts ou qui excèdent le nombre que la mère peut nourrir.

On garnit les cases de litière bien sèche qu'on renouvelle souvent. A défaut de litière, on peut y suppléer par de la marne ou de l'argile sèche. Cette terre s'imprègne des urines et donne d'excellents engrais. Car n'oubliez pas que le lapin donne par an un quintal de fumier de première qualité. Cela n'est point à dédaigner. 40 lapins valent une vache pour ce produit.

Si le local est étroit, faites deux étages de cases. Placez en haut les mâles isolés et à l'engraissement, les mères qui nourrissent, et au rez-de-chaussée les petits pour qu'ils courent à leur aise. Il faut au lapin du silence, du calme et peu de visites; surtout qu'ils ne voïent ni chiens ni chats, un rien effraie ces animaux au point de les rendre malades et de faire avorter les mères.

Nourriture. Le lapin est grand mangeur. Il digère très-vite et se vide de même. Aussi est-il un excellent producteur d'engrais. Voici les meilleurs modes de les nourrir : On fait par jour trois distributions d'aliments très-variés pour habituer les lapereaux à manger de tout : herbes fraîches et sèches, branches d'arbres et d'arbustes, fruits, graines, racines, betteraves, choux, pommes de terre, carottes, épluchures de cuisine, croûtes de pain, haricots, son, etc., tout aliment végétal est le bienvenu. La ronce et les plantes épineuses devront être hachées et concassées; les tiges de choux seront divisées en quartiers pour qu'ils broutent la moelle; pour eux, c'est une friandise. Les herbes trop mouillées risquent de donner du dégoût aux laperaux. Si on n'en a pas d'autres à leur donner, il faut les arroser d'eau salée. L'eau salée est en général un assaisonnement utile à tous les animaux, et le sel qu'ils absorbent continue son action bienfaisante sur le fumier.

Pour s'assurer que la ration est suffisante, jetez aux lapins un rameau d'arbre vert après le repas. Si au repas suivant vous trouvez la branche pelée, c'est que la ration était insuffisante; elle était suffisante si l'écorce est intacte.

Aux mères qui nourrissent, il faut des racines et des farineux, betteraves, navets, déchets de cuisine, laiteron, trèfle, laitue, orge, avoine, maïs, pommes de terre, etc., pour lui donner suffisamment de lait. Aux mâles reproducteurs, on donne des plantes aromatiques avec du sarrasin, des croûtes de pain, des laiterons, pissenlits, centaurées, etc.

Donnez aux jeunes lapereaux en sevrage choux, céleri, cerfeuil, luzerne, chicorée, avec un peu d'avoine tous les deux ou trois jours.

A mesure qu'ils grandissent, on les nourrit avec des herbes et des feuilles communes, arrosées d'eau salée lorsqu'elles sont trop fraîches. Évitez avec soin les plantes vénéneuses, telles que ciguë, digitale, belladone, euphorbe, aconit, etc. Les lapins les fuient d'eux-mêmes; néanmoins il est bon de les préserver d'une méprise qui les tuerait.

A six mois, on met les lapins à l'engraissement. Deux mois plus tôt on les y prépare par la castration. Cette opération est facile et prompte. Un aide tient le lapin sur ses genoux. L'opérateur fait une incision d'un centimètre de chaque côté de la poche, le plus loin possible de l'anneau inguinal; on fait sortir la glande, on la sépare du cordon en la coupant, puis on lâche l'animal sans plus de cérémonie.

Un lapin mis à l'engrais à six mois, ainsi préparé, pesant un peu plus d'un kilog., peut atteindre en quinze jours le poids de 4 à 5 kil. Comme chez les oies et les canards, le foie se développe énormément par l'engraissement, et forme un manger à part très-recherché des gourmets.

On arrive à ce résultat par le même régime que pour les oies et les dindes: pommes de terre cuites, bouillies, pâtées, carottes, betteraves, graines farineuses broyées; le tout mêlé d'herbes aromatiques, fenouil, thym, cerfeuil, angélique, etc. Ces herbes, arrosées d'eau salée, donnent à la chair une saveur fine et délicate, surtout si vous y joignez des végétaux amers, comme la bruyère, la ronce, les feuilles de chêne, etc. A cette époque, écartez les choux et les navets, qui donnent un goût désagréable.

Multiplication. Vous choisissez vos sujets reproducteurs parmi les plus vigoureux des nichées. Il faut un mâle par six mères. Un mâle doit être âgé de huit mois au moins, et de quatre ans au plus, qu'il ait l'œil vif, le poil brillant et bien fourré, les joues saillantes, les allures rapides, l'humeur violente, s'annonçant par de vigoureux coups de talon. Les femelles devront avoir les mêmes qualités extérieures, plus une croupe large et arrondie. Quand leur poil s'ébouriffe et que les dents noircissent ou s'ébrèchent, le moment est venu de les réformer.

La lapine d'humeur sauvage est généralement bonne nourrice. Lorsqu'elle est trop ardente dans ses fonctions, elle risque d'étouffer ses petits; il faut y mettre ordre. Une lapine qui ne s'arrache pas du poil pour couvrir ses petits est impropre à la reproduction.

On laisse la lapine un jour dans la case du mâle. Chaque mère peut y retourner quinze jours après la mise bas; on ne la sépare de ses petits que le matin, après qu'elle les a allaités. Ce système permet d'obtenir de chaque lapine huit à neuf nichées par an.

Lorsque la mère a de nouveaux petits, on visite la case plusieurs jours de suite pour s'assurer s'ils sont viables. On enlève ceux qui semblent excéder le nombre que la mère puisse élever et on les donne aux lapines qui en ont peu. On enlève ceux qui ont péri, accident assez commun ; enfin, on les enlève successivement pour les sevrer à mesure qu'ils deviennent forts et vigoureux.

Voilà une petite industrie qui ne coûte ni grands soins ni grosses dépenses. Il est peu d'habitations dans chaque village qui ne puissent s'y livrer avec profit et sans rien changer à leurs occupations habituelles.

Comptez six lapines donnant chaque année 50 lapereaux chacune : total 300 ; un lapin engraissé comme nous venons de le dire se vend de deux à trois francs ; voilà donc un revenu brut de 600 fr. dont il faut déduire environ 200 fr. de frais, soit 400 fr. de bénéfice net, outre une grande quantité de fumier, plus l'agrément de manger un lapin en famille deux ou trois fois par mois.

L'exemple de notre instituteur breton est à la portée de tous les ménages qui ont un jardin à cultiver et des enfants à occuper utilement.

Quel bel acte de charité que de faire comprendre cela à ces pauvres gens ! Si à la leçon on joint l'avance d'un mâle et trois ou quatre lapines, on peut, en quelque mois, remplacer chez eux la misère par l'aisance.

N'est-ce pas un bonheur pour un chrétien que de faire des heureux à si peu de frais !

La basse-cour est donc une grande ressource dans les petits ménages à la campagne. Les femmes, les enfants, les vieillards y trouveront un emploi fructueux de leur temps.

FUMIERS DE BASSE-COUR.

Les fumiers de basse-cour sont très-chauds et ont une grande vertu fertilisante. Il faut les recueillir avec soin et en former un tas auquel on mêle des déchets d'herbes, de feuilles mortes, de légumes, pailles, fourrages gâtés, etc. On y mêle de la chaux lorsque la décomposition des matières n'avance pas assez, et on les arrose de purin. C'est un engrais supérieur pour les légumes du jardin et pour les plantes légumineuses dans les champs. Il vaut autant que le guano, cet engrais en renom, que la grande culture achète si cher.

On voit par tout ce qui précède combien la vie des champs offre de ressources à ceux qui savent en tirer parti, et qui au courage d'entreprendre joignent l'activité et assez de persévérance pour aller jusqu'au bout.

XXI. — DES ABEILLES.

L'éducation de ces précieux insectes est encore une source facile de bons profits pour une famille rurale. L'abeille ne demande ni soins ni dépense et donne deux produits très-recherchés du commerce : le miel et la cire. On devrait encourager par des primes cette industrie si facile et si lucrative dans nos campagnes.

Voyons plutôt en quoi elle consiste.

DU RUCHER.

Vous avez un abri ou hangar défendu par un mur plus élevé. Vous disposez vos ruches au-dessus et sous le toit, sur deux rangs alternants. Si le devant est muré, au lieu d'être un hangar, vous laissez une ouverture devant chaque ruche.

Le rucher découvert est une petite enceinte palissadée où on dispose les ruches à une certaine distance entre elles pour les visiter. On couvre ces ruches de terre glaise pour les rendre impénétrables à la pluie. Il faut que le rucher soit adossé à un mur ou à un arbre, exposé au levant et abrité contre les vents froids. Trop de soleil est nuisible aux abeilles, cela est prouvé, bien qu'un grand nombre d'éleveurs le nient. Les ardeurs du soleil chauffent trop l'intérieur de la ruche et fondent la cire des alvéoles qui laissent tomber le miel.

On place les ruches sur un plateau élevé de deux pieds au-dessus du sol. L'entrée placée au bas des ruches consiste en trois ou quatre petits trous assez proches les uns des autres et assez larges pour que les abeilles y passent sans se frotter les ailes.

DES ESSAIMS.

Les premiers essaims sont les meilleurs, parce qu'ils ont le temps d'amasser d'abondantes provisions. Dès les premiers jours du printemps la reine s'ébat au soleil et se choisit un mâle, et, après, elle commence à pondre, pour continuer toute la saison. Trois semaines après, la ruche est peuplée de plus d'abeilles qu'elle n'en peut contenir. Alors une des nouvelles venues, préservée par les ouvrières, sort triomphante de son alvéole, la mère s'envole à la tête d'une troupe d'ouvrières et va fonder ailleurs un nouveau royaume. Ces abeilles forment une sorte de pelotte qu'on trouve suspendue à une branche d'arbre. C'est là qu'on va les prendre. On fait tomber l'essaim sur la ruche en coupant ce rameau, puis on le range dans le rucher. Pour fixer l'essaim, voici un moyen facile :

plantez à quinze pas du rocher, du côté où les abeilles s'envolent, un pieu long de deux mètres; couvrez-le d'un chapeau ou cornet renversé, formant un petit pavillon et posté sur de petits bâtonnets mis en travers. Les abeilles viendront se fixer à ces bâtonnets; c'est là qu'on va les saisir. Il est bon pour cela de se couvrir le visage d'un casque en toile métallique pour être à l'abri de toute piqûre.

Une fois logé, l'essaim se repose un jour. Le lendemain la faim le chasse de la ruche; les abeilles se partagent la besogne : les unes vont au dehors chercher les provisions, les autres construisent les alvéoles, et dès le quatrième jour la reine y dépose des œufs. Alors les travaux marchent avec activité, et souvent un nouvel essaim en sort avant la fin de l'été, quand la ruche est pleine.

Il faut veiller à ce qu'il y ait de l'eau près des ruches, afin que les abeilles se désaltèrent sans aller trop loin.

Les maladies des abeilles sont : la dyssenterie. On les guérit en leur donnant à boire du vin mêlé de miel.

La récolte du miel et de la cire se fait en mai et en juin, à la sortie des essaims. On peut récolter le miel sans dépouiller la ruche.

On extrait le miel des gâteaux en plaçant

les plus beaux sur des claies bien propres. On enlève avec un couteau la couche mince de cire qui couvre les alvéoles, on recouvre le gâteau et on laisse couler le miel dans des assiettes. Il faut une chaleur un peu élevée pour cette opération, par exemple dans un four après la cuisson du pain.

Ce miel est le plus pur et se vend le plus cher.

Les autres gâteaux et ceux dont on a pris le meilleur miel sont écrasés et soumis à leur tour à la chaleur du four sur des claies ou paniers; il en sort du miel de seconde qualité.

Enfin on les soumet à une presse, et il s'en exprime une troisième qualité de miel.

Alors on en émiette le marc et on le presse de nouveau après l'avoir taré. L'eau qui en est extraite peut faire de l'hydromel ou être employée à des sirops pour la nourriture des abeilles. On met le miel dans des pots et on enlève l'écume de la surface.

Le dernier marc, fondu et pressé de nouveau après un pétrissage dans l'eau tiède, est coulé en pains et constitue la cire vierge du commerce.

Tous ces produits se vendent fort bien, et on peut évaluer à 15 fr. le produit net de chaque ruche, donc 300 fr. pour 20 ruches.

Voilà certes une industrie précieuse pour les campagnes, et qui devrait être popularisée par tous les moyens possibles.

XXII. — JARDIN ET ARBRES A FRUITS.

Le jardin potager est encore dans les attributions de la ménagère. Elle le fera bêcher et fumer par son mari, et se chargera du reste avec les enfants. Outre les légumes indispensables pour la cuisine, elle pourra y cueillir beaucoup de denrées pour ses bestiaux, plus des graines pour ses volailles, et gagner là de quoi faire face aux dépenses de la basse-cour.

Le jardinage est un art très-compliqué; l'espace nous manque pour en parler. Avec le calendrier ci-après, on verra les opérations qu'il faut pratiquer en chaque temps. L'essentiel est que le fumier ne manque point, non plus que l'arrosage et les sarclages. Un autre point, c'est de se pourvoir de graines de bonnes espèces. C'est une dépense minime, et dont on est couvert au centuple.

N'hésitez point à vous fournir de plantes et graines chez un grainetier habile et digne de confiance.

De même, pour les arbres à fruits, consultez un pépiniériste en renom. Il veut vendra des plants d'arbres appropriés à la nature et à l'exposition du terrain.

Les arbres à fruits sont encore une des précieuses ressources de la petite culture. Un bon cerisier, un abricotier de plein vent n'exigent ni beaucoup de place ni grands soins; une douzaine d'espaliers ou de quenouilles ne nuisent point à vos carrés de légumes, et la cueillette de ces arbres peut payer deux ou trois fois le loyer de votre jardin, si vous leur donnez les soins convenables.

Il est vrai que cet art exige plusieurs opérations délicates, et qui ne réunissent qu'en des mains habiles et exercées, telles que la greffe, l'écussonnage, la taille des branches gourmandes, etc. On tâche de les obtenir d'un voisin bienveillant qui s'y connaisse, et peu à peu on fait comme lui. Un livre ne peut enseigner un tel art, qui est essentiellement pratique. On voit faire d'abord, on observe, puis on essaie.

Mais ce qu'on peut recommander au cultivateur, c'est de bêcher la terre au pied de ses arbres fruitiers, c'est d'arracher la mousse qui tapisse le tronc; c'est de les déchausser du pied, au mois de décembre, puis de les rechausser à la fin de février en y ramenant la terre, à laquelle on ajoute un peu du purin. Cette opération ralentit la séve, retarde la floraison jusqu'après les gelées blanches, qui l'emportent trop souvent et détruisent d'avance le fruit de l'année. Alors les fleurs *retardées sont plus robustes et donnent du* fruit en grande quantité.

Cueillez vos fruits avec précaution et arrangez-les dans les paniers sans les froisser. La bonne apparence et leur belle conservation les feront rechercher des acheteurs.

Tâchez *surtout d'avoir des espèces* précoces et des espèces tardives. Ce sont celles-là *qui se vendent le plus cher. En pleine* saison les fruits abondent et les prix diminuent *de moitié et plus.*

Le jardinage demanderait tout un traité que nous ne pouvons aborder ici, malheureusement. Nous en ferons le sujet d'un autre petit volume, si celui-ci est acceuilli avec un intérêt égal au bon vouloir qui nous l'a dicté.

En attendant, lecteurs, croyez-moi, plantez de bons arbres à fruits dans tous les coins de vos jardins. Qu'ils soient en quenouilles dans les allées, en espaliers le long des murs, de plein vent dans les haies; pour cela, faites un trou d'un mètre carré à l'entrée de l'hiver; fumez la terre avec du purin mêlé à des feuillages secs. Puis, à la fin de l'hiver, placez-y vos jeunes plants. Vous les enterrerez en tassant la terre pour qu'elle s'attache aux racines; mais assez légèrement pour que l'air les pénètre. Assurez le plant par un tuteur contre le vent, et attendez le reste de la Providence.

DES FLEURS.

Enfin, il faut des fleurs pour vos femmes et vos filles. Je demande que l'allée du milieu soit ornée de quelques rosiers entremêlés de beaux œillets parfumés, d'odorantes giroflées, et de juliennes de toutes couleurs. Quelques soucis complèteront cette décoration, la fleur servira à jaunir le beurre. Enfin, au bout de l'allée, il faut un berceau ombragé de vigne, tout couvert de plantes grimpantes. Je veux de la poésie dans les habitations champêtres. Les fleurs naturelles sont le luxe des honnêtes gens. C'est la parure de la terre qu'ils travaillent pour que le Créateur la bénisse. C'est un encens dont la bonne odeur monte vers Dieu avec l'offrande du travail et de la prière.

La propreté au logis, les fruits et les fleurs au jardin, sont le signe vrai d'une famille rangée, où règnent l'union des cœurs et la paix dans les âmes. Puisse notre petit livre vous aider, lecteur, à fonder une telle maison, ou à l'améliorer, si vous la possédez déjà!

Je vous quitte avec regret, mais en vous laissant d'utiles avis pour la production des biens du corps. Ceux de l'âme, que vous attendez, une plume plus autorisée que la mienne va vous les distribuer avec cette onction et cet accent persuasif qui l'ont rendue justement populaire. A elle de parler maintenant, à moi de me retirer en vous disant : au revoir; que Dieu bénisse votre travail; que vos enfants, en héritant de votre toit, y trouvent le bonheur dans la tradition de vos vertus, et que vos efforts leur laissent un patrimoine plus fécond que vous ne l'aviez reçu de vos pères.

Améliorer en agriculture, c'est s'enrichir; mieux vaut améliorer que de s'étendre.

FIN.

ANNUAIRE

DU CULTIVATEUR ET DU JARDINIER

JANVIER.

On nettoie les fossés; on creuse les rigoles d'arrosage pour en rejeter la terre dans les champs et les prés. — Labours préparatoires pour les plantes sarclées.

Jardinage. — On fume les carrés destinés aux semailles de printemps; on sème les petits pois en lignes distantes de 15 à 20 centimètres.

FÉVRIER.

Émonder les haies et les arbres. — Planter les choux-pommes et choux branchus, les petits pois, semer les vesces et les fèves.

Jardinage. — Bêcher profondément et ameublir la terre. — Semer les fèves de marais en terre grasse, en espaçant les lignes de 30 centimètres.

MARS.

Semaille de blé de printemps, trèfle, orge, graines fourragères, prairies, lin, betteraves. — Herser les blés d'automne.

Jardinage. — Semer les carottes sur terre fumée un an d'avance, radis, laitues, petits pois, fèves, persil, cerfeuil, oseille, etc.

AVRIL.

Continuation des semailles de mars. — Herser les prairies. — Planter les pommes de terre.

Jardinage. — Planter les échalotes en terre légère, s'il se peut, les œilletons d'artichauts. — Continuer les semis de mars.

MAI.

Planter pommes de terre, semer betteraves, sarrasin, petits pois, maïs, haricots, chanvre. — Transplanter les semis de betteraves et choux-navets. — Herser les pommes de terre.

Jardinage. — Planter haricots, potirons; repiquer oignons et navets, poireaux. — Ramer les pois et haricots. — Semer rutabagas. — Semer, arroser, sarcler partout où il en est besoin.

JUIN.

Tonte des moutons. — Biner et sarcler les plantes-racines. — Semer petits pois et maïs pour fourrage. — Récolte des foins.

Jardinage. — Continuation des travaux de mai. — Arroser, biner et sarcler suivant la température et l'état du sol.

JUILLET.

Récolte du seigle. — Semer la moutarde blanche pour fourrage et engrais vert. — Récolte du colza, des vesces. — Biner et sarcler les plantes-racines. — Couper les blés dès qu'ils commencent à jaunir.

Jardinage. — Transplanter les choux, laitues et autres plantes potagères. — Semer des choux-pommes, pour repiquer en automne. — Récoltes des diverses graines. — Semer les gros navets.

AOUT.

La moisson occupe les premiers jours. — Semer le colza, préparer le sol pour le transplanter. — Labour pour récoltes dérobées. — Récolte des blés, orges, lin, et chanvres.

Jardinage. — Cueillette des graines et des fruits. — Arracher les oignons, les faire sécher et les mettre au grenier, enlever ceux qui se gâtent. — Arroser pendant les chaleurs.

SEPTEMBRE.

Récolte des pommes de terre, du chanvre, du trèfle commun, du sarrasin. — Semer le seigle, fourrages dérobés, avoine blanche, etc. — Labours préparatoires pour le froment.

Jardinage. — Récolte des graines bien séchées. — Semer les choux pour repiquer au printemps.

OCTOBRE.

Récolte du maïs, des betteraves, pommes de terre, fruits divers. — Semailles du froment, des vesces. — Plantation du colza.

Jardinage. — Transplanter les choux et laitues semés en août. — Butter les artichauts.

NOVEMBRE ET DÉCEMBRE.

Suite des labours et semences. — Plantation des arbres. — Entretenir les fossés, réparer les chemins.

Jardinage. — Suite des travaux précédents. — Creuser des silos pour conserver les plantes-racines. — Butter les artichauts et le céleri. — Couvrir de paille ou de sable les fruits et légumes qu'on veut conserver.

MALADIES DES ANIMAUX.

Les maladies des chevaux et du gros bétail sont trop graves en général pour s'en tenir à ses propres lumières du soin de les guérir. Celles du cheval proviennent le plus souvent des excès de travail, des refroidissements, des mauvais traitements qu'on lui fait subir. Un cheval gouverné avec douceur, abrité et nourri comme nous l'avons prescrit, tombe rarement malade. Cependant cela peut arriver. Il faut alors le laisser en repos et consulter le vétérinaire.

Voici quelques cas moins graves qu'on peut traiter soi-même:

VACHES.

Dureté et tumeur du pis. — Ce mal arrive quelquefois à l'époque du vêlage. On frictionne l'endroit malade avec un mélange d'huile de laurier et de dialthée, on trait la vache souvent et on répète les frictions deux fois par jour.

Ulcère aux trayons. — On combat ce mal en frottant les crevasses avec de l'onguent de céruse. Après chaque traite du lait, on fait avaler de l'orge égrugé à la vache malade.

Tarissement du lait. — Ce mal provient de mauvaise digestion. On donne à la vache du sel de Glauber dissous dans de l'eau.

Gonflement. — Ce mal provient, le plus souvent, des herbes mangées avant que la rosée soit évaporée. Quelle qu'en soit la cause, on y remédie de suite en faisant boire un peu d'alcali volatil étendu d'eau.

Dégoût. — Le dégoût est annoncé par le refus de manger et par la cessation de la rumination. Un peut de sel mêlé aux aliments suffit à dissiper cette indisposition, à moins qu'elle ne tienne à une maladie grave.

Vers. — On combat les vers en faisant avaler de l'huile empyreumatique de Chabert.

Lait bleu des vaches. — Quand une vache donne du lait bleu, c'est-à-dire sans crême, ou dont la crême se sépare promptement, il faut la purger et changer son régime, quel qu'il soit.

MOUTONS.

Les moutons sont sujets à quelques maladies qui leur sont communes avec les bêtes à cornes: la plus commune est le gonflement ou météorisation. On y remédie absolument comme pour les vaches, avec l'alcali volatil étendu d'eau.

La *gale.* — La brebis galeuse se frotte contre tout ce qu'elle rencontre, et sa laine s'en va en flocons. Au premier signe, on la lave avec une forte infusion de tabac à fumer, et on mêle du sel et de la fleur de soufre à son fourrage.

Pourriture. — Elle a pour cause les pâturages bas et marécageux, que nous avons défendus. Quand on ne peut se dispenser de faire brouter cette herbe aux moutons on leur donne le soir du fourrage sec arrosé de sel. C'est un préservatif très-utile.

Quand le mal est déclaré, on leur fait manger un pain composé moitié de farine ordinaire, moitié de farine de lupin, à laquelle on ajoute un peu de couperose verte et de la gentiane en poudre.

Le *piétin*, ou ulcère de la corne du pied, fait boiter les moutons. On y applique de la poudre de vitriol bleu qu'on maintient en l'entourant d'étoupe bien liée.

Les *plaies* provenant de *contusions* et les *écorchures* se traitent, chez tous les animaux, en y appliquant des compresses d'eau blanche ou de saturne. Si elles suppurent par suite de négligence, on commence par les laver avec du vin chaud, puis on les saupoudre de charbon en poussière.

Lorsque les animaux qu'on vient d'acheter sont atteints de l'une quelconque de ces maladies, il faut, dans les huit jours, et en tout cas au plus tôt, sommer le vendeur de les reprendre. Sur son refus, on fait constater le mal par un vétérinaire et on poursuit l'annulation du marché devant le juge de paix.

Désinfection des étables et bergeries. — Lorsque les étables ou bergeries ont été habitées par des animaux atteints d'une maladie contagieuse, il faut d'abord nettoyer à fond les auges et mangeoires, ensuite tenir ouvertes les portes et fenêtres tout un jour pour renouveler l'air; après quoi on les referme en calfeutrant tous les joints et fentes avec du mastic ou de la colle. Alors on allume un fourneau, surmonté d'un vase en terre vernissée dans lequel on met du sel de nitre; on verse dessus quelques onces de vitriol. Aussitôt on se hâte de sortir en fermant la porte sur soi, et en bouchant tous les vides pour que les vapeurs de l'intérieur ne puissent s'échapper. On renouvelle l'opération s'il le faut, et puis on chasse les vapeurs en rouvrant les portes et les fenêtres. Alors le local est désinfecté et les animaux peuvent y rentrer.

TABLE DES MATIÈRES

Imprimerie de L. TOINON et Cie, à Saint-Germain-en-Laye.

LE LIVRE

DES

HABITANTS DES CAMPAGNES

DEUXIÈME PARTIE

PETITE BIBLIOTHÈQUE

Sous la direction de M. l'abbé MULLOIS

Manuel de charité	1 f.	»
Le Livre des classes ouvrières	»	40
Le Dimanche au peuple	»	15
Le Dimanche aux riches	»	75
Les Offices de l'Église, beau volume	4	»
Histoire populaire de la guerre d'Orient, 4 séries. La série	1	»
Pensées d'Humbert, avec un trait après chaque chapitre.	4	50
Histoire de l'Église continuée jusqu'à nos jours	1	»
La Probité	»	25
Histoire populaire de la Révolution	»	75
Histoire populaire de Napoléon Ier	1	»
Doctrine chrétienne	1	»
Le Livre des familles	2	50
Recueil d'exemples et de beaux traits	1	»
La Charité et la misère à Paris, 3 vol. Le vol	1	»
Petit Dictionnaire des plantes médicinales	»	50
Petit Mois de Marie	»	25
La Charité aux enfants	»	50
Almanach populaire pour 1858	»	25

(On donne 15/12, 80/50, 175/100, 600/300.)

Encyclopédie populaire. 2 vol. gr. in-8 à 2 col	7	50
Abrégé de l'histoire de la guerre d'Orient. 1 beau vol.	1	»
Industries du zèle sacerdotal. 2 vol. Le vol	1	25
Une Vie de saint pour chaque jour de la semaine	1	»
Petit Chemin de la croix	»	15
Petite Vie du Père de Ravignan	»	15

Remises considérables quand on prend ces ouvrages par douzaine.

S'adresser à M. Emile PONCE, gérant de la *Bibliothèque de tout le monde*, rue de l'Université, 12.

LE LIVRE

DES

HABITANTS DES CAMPAGNES

DEUXIÈME PARTIE

PAR M. MULLOIS

PREMIER CHAPELAIN DE LA MAISON DE L'EMPEREUR

PARIS

ÉMILE PONGE, GÉRANT

DE LA *BIBLIOTHÈQUE DE TOUT LE MONDE*

12, RUE DE L'UNIVERSITÉ

PÉRISSE, RÉGIS-RUFFET, Sr — 38, rue Saint-Sulpice.

LYON, — Même Maison, rue Mercière, 49,

1861

Imprimerie de L. Toinon et Cie, à Saint-Germain-en-Laye.

LE LIVRE

DES

HABITANTS DES CAMPAGNES

CHAPITRE Ier

AUX HABITANTS DES CAMPAGNES.

On a beaucoup écrit pour les habitants des villes, pour ce qu'on appelle les *messieurs*; très-peu pour les habitants des campagnes; pourquoi n'auraient-ils pas aussi leurs livres et même leurs bibliothèques? Grâce à Dieu; ils savent lire, et ce n'est ni le bon sens ni le cœur qui leur manquent pour comprendre; ils sont dignes du plus vif intérêt : ce sont eux qui donnent du pain à la France. Ils sont plus de vingt-cinq millions : c'est là force vitale de la patrie, c'est là que se conserve la séve du vieux sang français et chrétien qui vient trop souvent se détériorer dans nos villes; ne sont-ce pas leurs fils et leurs pères qui, en grande partie, ont porté si haut le drapeau et la gloire de la France? ne sont-ce pas eux qui peuplent de prêtres le sanctuaire de

Dieu, donnent des prêtres à l'Eglise et des apôtres à la charité?

Depuis longtemps j'avais l'intention d'écrire un livre pour les habitants des campagnes; on m'y a souvent exhorté; on m'a reproché d'avoir beaucoup écrit pour les habitants des villes, et de n'avoir rien écrit de spécial pour eux; on a eu raison. Je me le reprochais moi-même; je désirais le faire, je l'aurais voulu; mais, d'un côté, j'en étais toujours empêché; de l'autre, j'hésitais. C'est effrayant d'écrire pour une vaste masse d'hommes.

Néanmoins, je cède à mon désir; je leur demande la permission de venir m'asseoir au milieu d'eux, au coin de leur foyer, et de causer cordialement avec eux.

Dans ce petit livre nous allons parler de tout ce qui les intéresse, d'eux, de leur famille, de leurs travaux, de leurs souffrances, de leur vie, de leurs vertus, et aussi de leurs défauts; car ils ne se fâcheront pas, j'en suis sûr, je les connais bien, si je commence par leur dire qu'ils ne sont pas parfaits; ils ont trop de justice pour cela; ils ne sont pas les ennemis de la vérité, ils ne détestent pas la vérité, qui les aime, qui leur fait venir le sourire sur les lèvres et qui vous fait dire tout bas : *Pourtant il a raison.* C'est comme cela que je veux parler; ce sera une causerie simple, aimable, comme il convient entre gens qui se connaissent et qui s'aiment; car, au milieu d'eux, je ne serai nullement en pays étranger. Fils d'un humble cultivateur, passant chaque semaine quelques jours au milieu de petits orphelins de Paris dont je voudrais faire de bons ouvriers des champs, je retrouverai là les souvenirs de *mon jeune temps*, comme on dit ordinairement, et pas des moins bons moments de mon existence.

Pour faire un bon cultivateur, il faut de la terre, deux bons bras intelligents et un bon cœur. Un autre, plus habile dans ces matières, a traité de la terre et des bras; à moi donc le cœur et aussi les bras en partie; car c'est du cœur que leur vient la force; quand le cœur n'y est pas, *les bras tombent*, suivant une expression consacrée; ici, comme ailleurs, c'est le cœur qui fait tout.

Du cœur, il y en a certes sous la blouse et la veste; il y en a sous cet extérieur quelque peu dur, sous ces traits bronzés par les fatigues, par les feux du soleil ou les rigueurs de l'hiver; percez cette couche raboteuse; écartez mille petites passions, et là vous trouverez un vrai trésor. Il y a de la charité, de la compassion, de la patience, du dévouement, un amour profond de la justice, une âme plus morale et plus religieuse. En général, on n'est pas assez juste pour les habitants des campagnes; on s'en tient trop à l'écorce; il leur reste encore une foi riche, un fonds de droiture et de bon sens, quoique les erreurs et les vices des villes soient venus déteindre sur eux.. On est tout étonné de rencontrer une maturité que l'on trouve rarement chez l'homme de la ville. Vous sentez là un être qui pense; à la ville vous ne voyez souvent qu'un oiseau bien appris qui répète... Il est vrai, ils ne sont pas mal crédules; mais qui ne l'est un peu en France? la crédulité fait si bon ménage avec la malice et la légèreté!

Enfin, ils donnent du pain à la France; on ne leur en sait pas assez de gré... Du pain, cela nous paraît chose si vulgaire, si prosaïque! on aura toujours bien un morceau de pain; on le traite avec assez de sans-façon. Oh! si on savait ce que c'est que du pain! si on savait donc ce que c'est que d'avoir faim! Sans pain, que feriez-vous? On parle sans cesse de progrès, de civilisation, de développement de l'industrie, de talent, de chefs-d'œuvre, de génie! qu'est-ce que tout cela sans un morceau de pain! Prenez l'homme le plus capable, le plus heureusement doué : il est bon, poli, il a un cœur excellent; l'étincelle du génie brille sur son front. Laissez-le un jour sans pain... allez le trouver le lendemain, vous ne voyez plus qu'un être sombre, stupide, d'une souveraine incapacité! Retournez le jour d'après, la rage brille dans ses yeux, la colère, comme un frisson, court dans toutes ses veines. Essayez de raisonner, de faire un appel aux nobles sentiments. — Avant tout, répond-il, *donnez-moi du pain!* Parlez de force, menacez; il se moque de vos menaces et vous dit, avec un raisonnement infernal: — Mieux vaut mourir d'une balle que de mourir de faim! Eh bien! c'est de l'homme des champs que la Providence se sert pour donner à la France le pain quotidien. En un mot, le bien qui est encore dans nos campagnes, le bien qui pourrait y être se montre dans un grand fait: notre armée d'Orient était presque entièrement composée d'hommes des champs, de fils d'ouvriers et de cultivateurs; eh bien! on a frappé sur ces cœurs, et il en est sorti des trésors de foi et d'abnégation, d'héroïsme.

J'ai dit le bien, je ne dois pas taire le mal à mes frères des champs; il y en aurait beaucoup à dire. J'ai à me plaindre de vous de ce que vous n'aimez pas assez votre position sociale; de ce que vous allez vous faire dévorer corps, âme et bourse aux grossières jouissances: au vin, aux colifichets du luxe, aux dettes, aux usuriers, et même aux procès. Beaucoup portent envie aux autres professions et rougissent presque de la leur. Chose étrange! dans toutes les professions on est fier d'être ce que l'on est. Le soldat ne voit rien de mieux sur la terre que l'état militaire, tous ceux qui ne portent ni sabre ni giberne, pour lui, ne sont que des pas grand'chose, et il les appelle d'une façon assez dédaigneuse : *des civils, des pékins ;* avec quel accent de contentement il vous donne son adresse en relevant sa moustache : Soldat au 7e régiment, 4e bataillon, 2e compagnie des voltigeurs. Il en est de même dans toutes les autres professions. Eh bien! l'homme des champs, ce père nourricier de la France, est embarrassé de sa position; il en rougit presque; il n'attend qu'un peu d'aisance pour déserter honteusement, pour renier la profession de ses pères et cacher son origine sous les oripeaux du luxe des villes; on ne peut plus l'appeler de son beau nom, *paysan*, sans le blesser un peu. Paysan, j'aime ce nom-là, moi, paysan, c'est-à-dire homme du pays. On le connaît, on sait ce qu'il est, d'où il vient; on a connu son père, sa mère, son aïeul, son bisaïeul; ce n'est pas cet aventurier des grandes cités dont le passé est ignoré et pour cause. Eh bien! le paysan renonce volontiers à ce bénéfice d'estime et d'honneur pour s'en aller chercher fortune dans les villes. La vue du luxe lui fait tourner la tête; il compare son habit à celui d'un transfuge qui a travaillé autrefois avec lui, et il s'attriste; il ne songe pas que c'est souvent, comme dit le vieux proverbe : *Habit de velours, ventre de son.* Paris surtout est son rêve ! oh ! vivre à Paris que c'est bon ! Il aimera mieux être domestique à Paris que d'être maître aux champs. C'est étrange avec quelle facilité on vend sa liberté pour de l'argent, pour de bons repas, pour un misérable morceau d'étoffe ! Un jeune homme écrivait dernièrement : Je suis fils d'un cultivateur ; j'ai fait une partie de mes classes ; maintenant, je travaille chez mon père ; mais ce travail-là ne me plaît guère ; ne pourriez-vous point me trouver une petite place à Paris, ne fût-ce qu'une place de *concierge ?* vous me rendriez un bien grand service. » Et voilà un fils de famille qui veut se faire le serviteur, le valet de vingt ou trente locataires ! Il est des gens qui aimeraient mieux, Dieu me pardonne, être décrotteurs à Paris que d'honorables cultivateurs en province, et même maire de leur commune.

Mais c'est surtout pour ses enfants que l'on rêve une autre vie que la vie des champs, et vos enfants, vos pauvres enfants, il faut que je vous le dise, vous ne les aimez pas, vous n'êtes pas bons pour eux, vous êtes cruels, oui, cruels ; oh ! que vous leur faites de mal ! Dans votre conduite je vois une ambition aveugle, un profond égoïsme, mais pas un grain de paternelle affection. Voilà un cultivateur qui, à force de travail et d'économies, a amassé une somme ronde : croyez-vous qu'il la destine à améliorer sa terre et à faire de son fils un cultivateur plus aisé ? Pas du tout. Il a un tout autre projet en tête ; il le médite depuis longtemps. Plus d'une fois le père et la mère se sont dit dans l'intimité : S'il plaît à Dieu, notre fils sera plus heureux que nous ; notre état est trop pénible, *on se massacre* le corps pour gagner quelque chose ; *on lui fera faire des classes.* Ah ! vous lui ferez faire des classes, soit ; eh bien, après... qu'en ferez-vous, s'il vous plaît ? Un médecin ?... Alors créez donc des malades, et le besoin ne s'en fait guère sentir. Un avocat ? Alors créez donc des procès. Ces professions regorgent d'hommes, on se dispute le plus misérable procès, on s'arrache les plus petits malades. Mais je vous devine : *Il aura une place*, dites-vous. Une place ! une place ! voilà la terrible chimère qui égare et ruine tant d'hommes en France. Une place ! mais, grand Dieu ! où la prendrez-vous ? J'en cherche partout dans ce vaste Paris, et je n'en trouve nulle part. De grâce, trouvez-moi donc, s'il vous plaît, tant seulement une place de balayeur ou de concierge.

Il faut que je vous dise tout, je m'en fais

un devoir de conscience; il faut que vous connaissiez les terribles chances auxquelles vous jetez votre enfant. Toutes les professions sont encombrées de solliciteurs; une seule compagnie de chemin de fer a trente-sept mille noms de demandeurs inscrits et pas cent places à donner; il en est de même partout, tout est pris. Il faut voir ces tristes solliciteurs user leur temps et leur vie à aller mendier quelque chose. Plus rien dans la bourse, plus d'asile! Les parents se fâchent et refusent de continuer les envois d'argent; eux espèrent encore, ils croient toujours toucher au but de leurs revers, et toujours il ne vient rien. J'espère, disent-ils, que je finirai par me faire connaître, par *percer;* c'est le mot consacré. Hélas! il n'y a de percé que leurs chaussures et leur habit... Il faut que rien ne soit caché. Je raconte ce que je vois chaque jour. C'est déchirant. Ces pauvres hommes maudissent la vie, maudissent même leurs parents, tant leur détresse est grande; et parmi eux il y a des hommes vraiment capables. Sans doute vous dites: Mon fils, avec de l'instruction, saura toujours se tirer d'affaire. Eh bien! sachez-le, il y a à Paris au moins dix mille hommes qui ont plus d'esprit, plus de talent, plus de science que n'en aura votre fils quand vous vous serez épuisé pour lui, et qui meurent de faim, qui agonisent dans la détresse. Oui, quand vous aurez donné pour l'instruction de ce fils le plus beau cheval de votre écurie, la plus belle paire de bœufs de votre étable, une récolte de colza et dix mille francs de belles pièces d'or, en fait de science et de talent il ne va pas même au genou de beaucoup d'entre eux, et ils sont dans la misère. Vous me direz : Ils manquent de conduite. C'est vrai pour une partie ; mais d'autres sont parfaitement irréprochables. Ils manquent de conduite : mais êtes-vous bien sûr que votre fils n'en manquera pas aussi ? Etes-vous bien sûr que, jeté au milieu des villes avec sa naïveté et son inexpérience, il restera sage et laborieux ? Etes-vous Dieu pour tenir ses passions et son cœur dans votre main et leur dire : Vous n'irez pas plus loin ? Oh ! vous jouez là un terrible jeu. Quoi ! quand vous pourriez faire de votre fils un brave et digne garçon qui perpétuera chez vous les bonnes vieilles traditions de travail, de charité et d'honneur de votre famille, vous aimez mieux vous exposer à en faire un grand fainéant, un misérable solliciteur qu'on se renvoie de l'un à l'autre comme une balle, un être déclassé, mécontent, doué d'un orgueil qui n'a d'égal que sa soif incessante d'argent.

Supposons même qu'il réussisse : cela

s'est vu quelquefois, cela se verra moins à cause de la masse des concurrents ; êtes-vous certain qu'il vous traitera en père, qu'il ne rougira pas de ses parents ? Un personnage disait un jour à son concierge : « Quand ce *paysan* qui vient de sortir de chez moi reviendra, vous lui direz toujours que je n'y suis pas. » Le vieillard revint une fois, deux fois, trois fois, et toujours c'était la même réponse. A la fin, le pauvre homme se met à pleurer et s'écrie : « Ah ! c'est bien dur d'être chassé de chez son fils ! » Le concierge, consterné, se met à pleurer avec lui ; c'était vraiment le père du personnage en question. Ainsi donc faites de votre fils un cultivateur comme vous ; à moins que Dieu ne vous le demande pour être un de ses prêtres. Ne le faites pas jouer si gros jeu. Pitié pour lui, pitié pour l'antique honneur de votre famille, pitié pour le repos de votre vie et vos cheveux blancs, pitié pour tant de bouches affamées qui vous demandent du pain !

CHAPITRE II

AVANTAGE ET DIGNITÉ DE LA VIE DES CHAMPS.

Chaque profession a son bon et son mauvais côté, ses avantages et ses inconvénients, ses joies et ses peines. Le malheur est que nous ne voyons seulement que le mauvais côté de la nôtre, tandis que nous songeons seulement aux avantages de celle d'autrui. C'est vrai surtout pour le cultivateur et l'ouvrier des champs ; il voit trop son travail dur, ses sueurs, la rigueur des saisons et il porte envie aux autres. Oh! pourquoi donc se plaint-il et de quoi se plaint-il ? sa part est si belle... sa vie renferme tout ce qu'il faut pour faire vraiment un homme : elle est utile, elle est digne, elle est pure ; quoi de plus...

C'est l'homme de la campagne qui nourrit la France, voilà un ministère qui en vaut certes bien un autre.

Comme on l'a si bien dit :

A l'agriculture seule a été confié le noble soin de nourrir le genre humain et d'entretenir dans chaque homme cette lampe mystérieuse qu'on appelle la vie.

Les illustres personnages qui remplissent

les palais de l'éclat de leur autorité, les bibliothèques des lumières de leur science, les musées des inventions de leur génie, sont forcés de descendre deux fois le jour de ces hauteurs où ils s'adorent et de venir, dans l'humilité de la faim et de la défaillance, adresser au campagnard, à ce serviteur de la glèbe, cette prière que lui-même n'adresse qu'à Dieu : *Donnez-nous aujourd'hui notre pain de chaque jour.*

Dieu l'a voulu ainsi, pour honorer, en l'humble personne du cultivateur, son coopérateur dans l'ordre de la nature, son associé dans les soins bienfaisants de sa providence.

Quand donc le villageois entre dans nos villes, et qu'il aperçoit les merveilles de l'industrie et les chefs-d'œuvre de l'art étalés à ses yeux, il peut les admirer ; mais qu'il se souvienne que les fastueux possesseurs de ces trésors sont ses tributaires obligés, et que, pour exister, ils ont besoin de son blé, de son huile, de son vin, de ses fruits, de ses graines, de ses légumes, de la laine de ses brebis, de la chair de ses animaux, et que lui n'a besoin, pour être heureux dans ses champs, ni de leurs tableaux, ni de leurs tapis, ni de leurs livres, ni de leurs statues.

La boutique, l'atelier, l'usine, le magasin, le bureau, le cabinet, que ces lieux sont étroits, obscurs, tristes, nauséabonds et malsains! et combien sont à la gêne les honnêtes forçats que l'industrie, le commerce, l'étude, les affaires enchaînent là, du matin au soir, à des travaux monotones et rebutants, où le corps dans la torture, l'âme dans l'engourdissement, s'épuisent et se dégradent!

L'atelier du villageois, c'est l'immensité des campagnes (1).

D'un autre côté, aujourd'hui, le cultivateur peut associer à tous ces biens les joies de l'intelligence et du cœur; il sait lire, il a de l'instruction, il en a parfois beaucoup, il peut orner sa vie de connaissances utiles pour sa profession, douces pour son âme, et, grâce à Dieu, on voit de simples laboureurs vraiment plus instruits que beaucoup des habitants des villes. Le livre lui arrive si facilement; le journal va le trouver à domicile.

Eh bien, loin de jouir de tous ces avantages, d'être fier de sa dignité, il paraît embarrassé de sa profession, il en rougit presque, et, s'il fait des rêves de bonheur pour son fils, soyez persuadé qu'il lui prépare souvent, dans son imagination, une autre existence que celle de son père; il lui semble que son sang est en mauvais lieu et en mauvaise compa-

(1) M. Méthivier, *Études rurales.*

gnie, qu'il l'en faut arracher le plus tôt possible. Le cultivateur est le premier à déshonorer et à amoindrir sa position. La ruine de l'agriculture vient le plus souvent d'elle-même ; ainsi, par exemple, au jour du dimanche, le père, qui devrait être un modèle d'économie, de vie rangée et de respect à la loi du Dieu qui bénit ses champs... part pour la ville ou pour le bourg voisin, entend une petite messe, ou même ne l'entend pas, puis se dirige vers le cabaret du lieu, fait un déjeuner qui souvent se prolonge bien avant dans la journée, traite ses affaires avec plus ou moins d'intelligence, et, après avoir dépensé une somme considérable, rentre chez lui, dans quel état!

Son fils a hâte d'avoir seize ou dix-sept ans pour s'en aller dépenser de son côté. Les domestiques se mettent de la partie ; pourquoi pas? On passe une partie du jour dans je ne sais quels lieux qu'on appelle lieux de plaisir : on boit, on danse ; la nuit s'avance et on rentre à la maison... Le lendemain matin on se remet au travail, le corps brisé, l'âme mécontente ; on aurait besoin de ne rien faire pour se reposer des fatigues de la veille. La journée est mauvaise pour l'ouvrage, et voilà une perte considérable ; il est impossible de calculer à quelle somme elle peut s'élever dans le courant de l'année. De cette façon, la ruine vient bien vite.

Ce n'est pas tout, la femme, ordinairement si bonne ménagère et si bonne conseillère, s'est laissé prendre aux séductions du luxe; il lui faut, pour elle et pour sa fille, force rubans et force dentelles. Son fils, elle le déguise autant que possible en *petit monsieur*. Naturellement, avec cet attirail, on ne peut plus marcher à pied, surtout par les chemins de la campagne : on aura une voiture, un tilbury ou même un cabriolet... Mais un jour arrivent les notes à payer, et rien dans la bourse; il faut payer maréchaux, cordonniers, charrons, merciers, bourreliers, charpentiers, domestiques, et le propriétaire si on est fermier. Alors on emprunte, on emprunte à tout le monde, à ses ouvriers, à ses domestiques même; on se met en quelque sorte sous leur dépendance; on emprunte partout; on emprunte au banquier des campagnes, à ce terrible petit prêteur, à ce chancre de l'agriculture, à cette hideuse plaie des champs. Malheureux! que faites-vous?... Vous allez vous perdre! Liquidez plutôt que de franchir le seuil de cette demeure... ou il est bien à craindre que tout n'y passe : le champ paternel, la maison de vos ancêtres, les instruments de votre travail, même le linge de votre armoire, et que vous ne soyez jeté nu sur le chemin de la misère, de la honte, du désespoir, du crime peut-être!

Voyez donc ce misérable prêteur, qui vise seulement à rester un honnête homme aux yeux du Code civil; il enlace habilement sa victime; puis il la saisit avec ses tenailles de fer... la garrotte... la vole, boit sa séve, la martyrise à coups d'épingle et à coups de poignard : il la taille à merci, et encore après cela faut-il qu'elle lui dise : *Bien obligé*... Le pauvre homme pris dans le piége, porte les traces de son malheur sur sa figure ; un chagrin concentré le mine ; il voudrait bien en finir, mais la force lui manque, et, pour échapper à ce spectre qui le poursuit, il augmente le mal ; il s'en va noyer sa raison et ses souvenirs dans le vin. La catastrophe arrive. Les huissiers, les avocats et les gens d'affaires s'abattent sur cette proie ; tout y passe, plus rien, la place est vide ; au tour d'un autre maintenant de se faire ruiner...

Oui, il faut bien l'avouer, c'est l'agriculture elle-même qui se déshonore et se ruine. Je m'étonne que l'habitant des campagnes, avec sa prudence et son bon sens exquis, se soit laissé aller à ces excès...

La vie de la campagne est moins brillante, mais elle est bien plus sûre et bien plus solide. L'argent placé en terre est toujours là. Dans l'industrie, une bourrasque passe et emporte tout ; il y a six mois un homme était riche, aujourd'hui il est criblé de créanciers et de papiers timbrés. Je dirai la même chose pour celui qui travaille chez les autres.

A la campagne les journées sont moins bonnes ; mais vous pouvez travailler tous les jours. Ailleurs, vienne une perturbation dans les affaires, une exubérance de produits, voilà des milliers d'ouvriers jetés sur le pavé... Dans les grandes villes, aujourd'hui, on est obsédé de malheureux, d'hommes, de pères de famille qui voient agoniser devant eux leurs malheureux petits enfants, et qui s'en viennent vous dire : « Sauvez-moi, ayez pitié de mes enfants... Je travaillerai au rabais... J'aime mieux gagner quelques sous que de mendier. » Voilà ce que nous avons vu hier encore, ce qui nous désole, ce que nous voyons tous les jours... Ceux qui vous disent : « On gagne de bons gages dans les villes, » ne vous disent pas tout cela. En définitive, où se trouve la masse des pauvres, est-ce à la campagne ou à la ville ?

Oh ! que l'on fait de mal, quand on conseille à de malheureux ouvriers de se jeter dans ces gouffres. Ils peuvent toujours avoir du travail à la campagne ; on le dit, vous le dites vous-même, dans la culture il y a toujours quelque chose à faire ; le salaire sera moins grand, mais il sera certain, il sera suffisant, il sera toujours honnête. De plus, il y a pour tous une question de vie ou de mort. Si l'agriculture est abandonnée, si elle n'est même développée en proportion de l'accroissement de la population, de quoi vivrons-nous? On peut mourir de faim avec de l'or, si on n'a pas de pain. Est-ce que la France n'a pas encore assez souffert de la cherté des denrées?... C'est une chose bien triste à avouer que ce pays, que l'on dit le plus beau du monde, n'a pas même, depuis quelques années, le strict suffisant; non, la France n'a ni assez de pain, ni assez de viande, ni même assez de lait pour exister; il faut qu'elle porte son argent ailleurs et qu'elle dépende des étrangers, même pour se procurer le nécessaire; c'est humiliant. Que sert-il donc de se poser avec tant d'éclat, quand on peut vous répondre : « Avec tout cela, sans nous vous n'auriez pas même de quoi manger? » Il y a là aussi un danger. Le besoin est un mauvais conseiller, rien ne fait monter plus vite les colères à la tête; comment faire comprendre le langage du bon sens à un homme qui a faim? Nous avons eu assez de révolutions et de bouleversements. Vous trouvez que c'est suffisant comme cela, et moi aussi : alors, au moins, donnons du pain à nos frères, voilà la meilleure fraternité. C'est d'autant plus facile qu'il nous reste vingt-cinq millions d'hectares de terre à améliorer, six millions cinq cent mille hectares à défricher ; il serait possible de procurer quarante millions d'hectolitres de céréales de plus, et le déficit de cette année n'a pas été de dix millions.

L'agriculture seule crée la richesse ; le commerce, l'industrie déplacent simplement l'argent, le font plus souvent passer d'une poche dans une autre poche, et c'est tout ; au contraire, l'agriculture augmente la fortune de la France et la vôtre : un hectare donnait dix-huit hectolitres de blé, vous l'avez amélioré, il en produit trente, c'est douze hectolitres de gain ; vous avez de plus l'excédant de paille pour compensation de vos engrais. Les frais de culture ont été à peu près les mêmes, jamais les capitaux n'ont été mieux placés ; ils ne rapportent ordinairement que cinq pour cent : ici ils peuvent rapporter sept et huit, même au delà ; de plus, il y a pleine sécurité.

Aussi les souverains les plus populaires et les plus chers au souvenir de la France encouragèrent toujours l'agriculture, se montrèrent pleins de bienveillance pour le laboureur. En première ligne nous trouvons Henri IV. Un monarque étranger en parle comme pourrait faire un bon Français :

« De toutes les professions, dit-il, c'est l'agriculture qui est la plus utile à l'homme dans un État, qui le nourrit, qui l'enrichit, et la force réelle d'une nation est celle qui a pour base l'agriculture, parce qu'elle est au-dessus de tous les accidents étrangers. Si j'avais un homme qui me produisît deux épis de blé au lieu d'un, je le préférerais à tous les génies politiques....

» Un fois l'agriculture perdue, plus d'industrie, plus de commerce, plus d'arts mécaniques, plus de sciences, plus de bons principes, de police et d'administration, car tout se tient dans la nature et dans la politique.

» Vous aurez pour les agriculteurs les sentiments qu'avait ce bon Henri IV, lorsqu'il voulait que tous les laboureurs eussent le dimanche la poule au pot. »

Donc, pour nous résumer, l'état d'agriculteur, d'ouvrier des champs, est honorable, moral, productif, nécessaire au bonheur des familles et au bonheur de la France, surtout quand on l'exerce avec cette pensée d'un vieux cultivateur : *Que l'homme aide seulement à Dieu à faire venir ce bon blé.*

CHAPITRE III

DU CHOIX D'UN ÉTAT POUR SOI ET POUR SES ENFANTS.

Chacun de nous en naissant a reçu une vocation de la Providence, c'est-à-dire qu'une voie lui a été assignée dans laquelle il portera mieux et plus facilement sa part des travaux, des joies et des souffrances de la vie. Cette vocation se révèle par les aptitudes, les qualités bonnes ou mauvaises, les circonstances de naissance et de fortune, et ordinairement la vocation des enfants est celle des parents ; il y a des exceptions, il est vrai, mais ce ne sont que des exceptions. C'est beaucoup plus commode et plus avantageux de suivre la voie de ses pères, elle est ouverte devant nous, il n'y a plus qu'à y marcher. De plus, il y a comme un patrimoine d'expérience, de clientèle, d'instruments. Cette profession ne coûte rien à apprendre, on peut dire que l'enfant la suce avec le lait et elle grandit avec lui ; il se trouve un homme capable, sans presque s'en douter. Mais, hélas ! ces bonnes idées se retirent souvent des champs. Soyons juste, grâce à Dieu, il en est encore beaucoup qui ont l'esprit et le bon sens de suivre la voie de leurs parents, d'y faire marcher leurs enfants. Mais d'autres n'en veulent plus. La fumée de l'orgueil et de l'or a bouleversé les têtes. N'être que ce qu'a été son père, cultiver la terre comme lui, c'est trop pénible et pas assez glorieux. On se croit appelé à une plus belle destinée. Cette illusion s'est glissée chez les habitants des campagnes, surtout quand il s'agit de prendre cette grave décision qui doit régler le sort de leurs enfants.

Autrefois, on tenait à sa famille, à son clocher, à son chez soi ; aujourd'hui, pour un rien, on quitte toutes ces bonnes et saintes joies, on se met à courir le monde pour gagner un peu plus d'argent et satisfaire une mesquine vanité ; pour cela, on sacrifie tout, on sacrifie ses enfants, on expose leur vertu, on compromet jusqu'à l'honneur de la jeune fille, et on se ménage bien des regrets. On était né à la campagne, le travail des champs suffisait à ses besoins et à ceux de ses enfants ; mais on se dégoûte ; il y a dans la ville un cousin, un voisin, un ami, que sais-je, un cousin de sa tante, et vite on le prie de nous trouver une place de domestique, de servante dans une bonne maison ou tout simplement du travail. Celui-ci se met en campagne, ce sera un *pays* ou une *payse* de plus, et vite il écrit : Venez, il y fait bon. Là-dessus on roule vers la ville ; c'est bien, tant que cela dure. Mais le chômage arrive, le travail manque, les affaires ne vont plus, on perd sa place; cependant il faut vivre, il faut se loger, se vêtir; les économies s'en vont, et voilà une masse de pauvres gens réduits à battre le pavé toute la journée, à mendier du travail, et peut-être bientôt un morceau de pain. S'il est un spectacle lamentable, en voilà certainement un : voir tant de bras inutiles, tant de cœurs brisés pendant qu'à la campagne ils seraient si utiles et si calmes avec de moindres salaires, sans doute, mais avec des salaires qui leur assureraient le pain ; et puis, qui sait où le besoin peut les entraîner? Il y a dans les villes tant d'occasions de faire le mal ; qui sait si, un jour, le père ne recevra pas une fatale lettre qui lui dira que son sang a été traîné dans la boue, sinon déshonoré?

Mais passons à une autre classe. On a un peu d'aisance, et naturellement on trouve quelques capacités à son fils. Alors on conçoit de grands projets à son sujet. On se dit : Je l'enverrai longtemps à la classe; qui sait... l'instruction ne nuit jamais. On triomphe de ses succès, je ne m'en plains pas, c'est légitime; mais bientôt vient une malheureuse pensée; pauvre chéri, un enfant si gentil, si instruit, faut-il le mettre à cultiver la terre;

il a *une si belle main, que ce serait dommage de la gâter en maniant les instruments du travail ; qu'il serait mieux placé dans un bureau.* C'est le terme consacré. Et puis voilà notre jeune homme qui se lance, qui débute par une étude d'huissier, d'avoué, ou par un comptoir quelconque. Mais une petite ville n'est plus capable de le contenir ; il lui faut un plus grand théâtre ; souvent Paris a la préférence. Il arrive avec un bagage gros d'espérances et de rêves ; de temps en temps il trouve du travail, souvent il lui manque, et voilà un homme sur le pavé. Paris est rempli de ces malheureux déclassés. Ils souffrent, et ils se gardent bien de s'accuser de leurs souffrances. C'est la société qui est la grande coupable. Il y a là de l'orgueil, mais un orgueil qui dépasse tous les orgueils ; on peut l'appeler un orgueil pyramidal. On accuse les savants de tomber dans ce péché-là ; mais ce n'est rien auprès de l'orgueil d'un demi-savant, d'un huitième de savant. Voilà un orgueil robuste et conditionné pour vivre longtemps. Le ridicule en ferait justice s'il n'était terrible. Ainsi, vous entendrez ces hommes qui ne savent pas même l'orthographe s'écrier : C'est une infamie ! le mérite est sacrifié ; les places sont pour un tas d'intrigants qui ont des protections. Moi, je ne suis pas ambitieux, je ne demande qu'une petite place pour vivre en travaillant. On ne peut pas me la refuser ; j'y ai un droit; je l'ai conquise par mon travail. Pourquoi me l'a-t-on fait espérer ? Puis il vit dans un milieu, il habite dans des garnis où ces paroles sont sans cesse répétées ; il lit des livres et des feuilles qui ne disent pas précisément le contraire. Qui sait jusqu'où peuvent aller ces passions harcelées par le besoin ? Qui sait si cette terrible machine à vapeur, sans cesse chauffée, excitée par les convoitises et l'orgueil, ne fera pas une terrible explosion et ne nous écrasera pas sous ses débris ?

Les moins méchants d'entre eux souffrent cruellement et s'en viennent vous dire : Au moins ayez pitié de moi ; je le vois, je me suis trompé ; mais il est trop tard, je ne puis plus aller remuer la terre. Oh ! que ne puis-je rester aux champs ! au moins je gagnerais ma vie, et ici, avec ma science, je meurs de faim. J'ai honte de me voir à une telle misère : je n'ose plus me montrer ; voyez mes vêtements : plus d'habit, plus de linge, plus rien. Oh ! que n'ai-je conservé la profession de mon père ! De temps en temps je me sens tenté de maudire même mes parents. Que faire, que devenir ? Il ne me reste qu'une ressource ; c'est de me jeter à la Seine ou de m'asphyxier dans un coin.

Hélas ! il faut bien le dire, souvent la famille a une bien grande part dans toutes ces misères. Elle manque de prudence et de véritable affection. On ne jette pas des enfants à de si cruelles chances. On réfléchit.

Oui, certainement, que votre fils apprenne à lire, à écrire, à compter, c'est bien ; mais qu'il reste cultivateur comme vous, ce sera mieux encore. Il est bon, capable, mais n'allez pas nous le gâter en cherchant à en faire un demi-savant, un demi-monsieur ; tous ces demi-là ne valent pas grand'chose. J'aime mieux un vrai paysan bien naturel, rempli de bon sens et de cœur, que toutes ces espèces de grands hommes chez lesquels il n'y a de grand que les prétentions et l'orgueil. Soyons nous-mêmes, et ce sera toujours mieux que des êtres insignifiants, badigeonnés d'un peu de science mêlée de beaucoup de sottise.

Mais voici une plus grande calamité encore : un cultivateur est riche, il vit dans une complète aisance, il pourrait transmettre tout cela à son fils et l'augmenter encore. Le fils ne demande pas mieux ; il sent que c'est sa vocation, qu'il sera heureux ; mais il a compté sans l'orgueil des parents ; on l'arrache, le petit malheureux, à sa famille, à cette aisance, au bon air des champs ; on le jette dans l'une de ces prisons qu'on appelle colléges, pour huit ou dix ans; il faudra qu'il soit notaire, avoué, avocat, commissaire-priseur, comme si on manquait de ces gens-là, comme si le besoin s'en faisait sentir. Les classes finies, on se saigne aux quatre membres pour lui faire étudier la médecine ou le droit; mais le pauvre jeune homme ennuyé, lancé au milieu des séductions, s'amuse beaucoup et n'étudie guère. Il a deviné la béate crédulité de ses parents et leur insatiable orgueil. Il se sert de tout cela pour épuiser leur bourse : Envoyez-moi cent francs, je passe un examen; envoyez-moi deux cents francs, je viens d'acheter beaucoup de livres; envoyez-moi trois cents francs, j'ai fait de grandes connaissances, je suis reçu chez le préfet; on m'a présenté à un ambassadeur, il faut que je renouvelle ma toilette. Inutile de dire que le plus souvent livres, examen et ambassadeur sont fantastiques. Tout le monde sait les moyens que les étudiants emploient pour exploiter la bourse paternelle. Les camarades savent bientôt quelle est l'origine du nouveau débarqué, et quand il y a espérance que son père sera *un vrai pigeon* à plumer, il est bientôt entouré d'*amis*. L'habitant des villes s'étonne qu'il puisse y avoir dans les campagnes des gens doués d'une aussi robuste crédulité et assez imprudents pour lancer dans la liberté et les séductions des villes un jeune homme simple, sans expérience, avec de l'argent dans sa bourse. Inutile de dire que les études sont insignifiantes, et que souvent de tant de dépenses, il ne résulte qu'un pauvre médecin, un avocat sans causes ou un grand inutile.

Ce qu'il y a de plus triste, c'est que l'on fait quelquefois tous ces sacrifices au détriment des autres enfants; on s'attache à l'un d'eux; celui-là aura tout. Ce sera un monsieur, tandis que les autres seront des paysans; on ne sait combien cela les blesse et quelle responsabilité les parents assument sur leur tête.

Un cultivateur avait placé son fils aîné, Léon, dans un des principaux pensionnats de Paris. Pour subvenir aux frais qu'il s'était imposés, il eut recours aux économies, aux privations de toute nature. La nourriture devint plus frugale qu'elle ne l'avait jamais été; la viande fut congédiée de la table, pour n'y reparaître momentanément qu'aux grands jours, et le fils cadet, Adolphe, à peine âgé de quatorze ans, dut se livrer à de rudes labeurs pour remplacer, autant que possible, un garçon de ferme que l'on avait congédié.

Jusqu'à cette année, M. Léon n'avait que difficilement mordu au gâteau préparé pour les conscrits universitaires par Lhomond, Noël, Planche et *tutti quanti*, avec le miel attique et la fleur du froment romain; mais en dernier lieu, un professeur plus habile trouva moyen de presser le grand ressort de son intelligence, et dernièrement le jeune garçon, qui avait obtenu deux prix et plusieurs accessits, rentrait, sous la conduite d'un parent, à la maison paternelle, le front chargé de couronnes.

C'était un beau jour de fête pour le cultivateur. Pour faire les préparatifs du repas auquel devaient être invitées les notabilités du village, on s'était levé avant le jour, et Adolphe avait dû redoubler d'activité, afin d'accomplir en peu de temps ses rudes et grossiers labeurs quotidiens. Quand, revenu des champs avec les vaches, il rentra dans la ferme vêtu d'un bourgeron, d'un pantalon de travail, coiffé d'un bonnet de coton bleu et chaussé de gros sabots, il trouva son frère en élégant costume de collégien, au milieu des voisins et des voisines qui l'adulaient et s'extasiaient à chacune de ses paroles. Comme il s'approchait pour l'embrasser, M. Léon se détourna en s'écriant dédaigneusement: « Ah! mon cher, comme tu sens la bouse de vache! » Et tout le monde de rire. Adolphe, confus, se retira et disparut sans qu'on fît attention à lui.

A l'heure du repas on se mit à table, lorsque quelqu'un fit l'observation qu'on n'avait pas vu le frère de M. Léon. « C'est vrai, dit le cultivateur ; il sait pourtant bien que c'est le moment de dîner et qu'il faut qu'il soit là pour nous servir. » On l'appela, on le chercha de tous côtés ; mais ce fut sans succès. Enfin, près du puits qui se trouve à fleur de terre du jardin, on trouva les sabots d'Adolphe. Aussitôt le père, saisi d'un funeste pressentiment, se pencha sur l'orifice et aperçut au fond une forme humaine qu'il reconnut pour celle de son fils. Il s'empressa de se faire descendre dans le puits, mais il ne ramena qu'un cadavre.

Faites donc de vos enfants des cultivateurs comme vous, des ouvriers des champs comme vous, ils seront moins riches peut-être, mais plus heureux ; quand on est raisonnable il faut si peu de chose pour le bonheur, une petite maison, un petit jardin et un petit bout de pré si on peut l'y joindre. Là on vit avec sa famille, on est chez soi, on y meurt en paix ; tandis que l'habitant des villes est sans cesse obligé de trimbaler sa femme, ses enfants et son mobilier de mansarde en mansarde, sans cesse sous le coup de ce malheureux loyer qu'il va falloir payer. Vous qui avez plus d'esprit, plus d'influence, quand vous voyez un ouvrier qui va quitter le pays pour la ville, un père qui pousse son enfant vers ce but-là, allez le trouver et dites-lui avec un franchise affectueuse : Mon garçon, crois-moi, tu fais une sottise ; reste avec nous, garde ton fils chez toi ; tu t'imagines qu'à la ville l'argent foisonne, qu'il n'y a qu'à se baisser pour en prendre ; ça n'empêche pas qu'il y a trois fois plus de pauvres que dans les campagnes, et ton fils pourrait bien revenir avec plus de trous à son habit que de pièces dans sa bourse, sans parler des autres trous faits à la conscience et à la probrité.

Vous-même dirigez vos enfants dans cette voie sage et vraiment éclairée ; quelle plus belle position pouvez-vous leur donner ?

J'aime tant le brave laboureur qui se met à la hauteur de sa mission ! Grâce à Dieu, il s'en trouve encore, par exemple en Normandie... Là il est connu sous le nom de *maître un tel*. Oh ! qu'il y a de bien parfois dans ce cœur-là ! il est indulgent, bienveillant, charitable, laborieux, franc, chrétien. Il donne du travail aux ouvriers et sa femme donne aux pauvres pain, viande et bois ; il fait les charrois des petites gens, il apaise les querelles, il empêche les procès, il soigne les intérêts de sa commune et n'oublie pas la maison de Dieu... Y a-t-il un grand service à rendre, il est toujours le premier.

J'aime surtout à le voir, le dimanche au soir, assis à sa table, entouré de *tous ses gens*; comme un vrai patriarche il sè place au bout, après lui viennent sa femme, ses enfants, puis ses domestiques et ses gens de journée. Il donne à chacun une part égale ; on cause, on rit, on est gâi, le cœur surtout s'épanche et se repose ; il semble que tous font partie de la famille, aussi ils disent : Notre ferme, notre charrette, nos chevaux. Oh ! soyez tous ce bon et brave laboureur, un des meilleurs et des plus utiles citoyens de la patrie, visez à faire que votre fils vous ressemble, retenez-le auprès de vous, à l'abri du clocher auprès duquel dorment vos aïeux... Il est mieux là qu'à battre le pavé des rues, ou à solliciter dans les antichambres. Oui donnez du pain à tous, aux riches et aux pauvres, donnez la vraie prospérité à la France...

CHAPITRE IV.

JOIES ET RÉCRÉATIONS DU DIMANCHE.

On dit volontiers : « Il faut bien qu'on s'amuse un peu le dimanche. » C'est mon avis, et la religion ne dit pas non, bien au contraire. Je veux qu'il y ait des amusements pour tous, pour le père, la mère, les enfants, les serviteurs et les ouvriers.

Pour cela, il nous faut des amusements faciles à trouver et surtout pas chers. Or la Providence en a semé sous nos pas, à profusion, au jour du dimanche ; il n'y a qu'à se baisser pour en prendre. J'aime tant les bonnes joies ! quand on veut c'est un si beau jour que le dimanche !

D'abord vous commencez votre journée par dormir un peu plus longtemps qu'à l'ordinaire. C'est un amusement qui en vaut bien un autre, quand on a travaillé toute une semaine : ce n'est pas le corps qui s'en plaindra, et l'âme n'en sera que plus dispose. Puis on se lève, on s'entr'aide aux choses du ménage, on soigne les bestiaux, on nettoie, on balaye, on enlève les araignées, on donne à tout un air de propreté et de fête. La femme fait un brin de toilette, pas trop pourtant ; mais il faut voir les enfants, ils sont tous proprets, presque pimpants. Vous faites votre barbe, vous endossez votre bel habit, vous donnez un coup d'œil au miroir, qui vous laisse assez content de vous ; à défaut de miroir, votre botte en tient lieu : pour cela il faut qu'elle soit parfaitement luisante.

Cependant l'heure de la grand'messe est

arrivée ; chacun se dirige vers l'église ; c'est si beau de voir ces longues files d'hommes et de femmes se diriger par les chemins et les sentiers vers la maison de la grande famille, vers le temple de Dieu, pour y mêler ses chants et ses prières. Là on prie, on chante ; hommes, femmes et enfants confondent leurs voix ; on écoute les paternelles instructions du curé, les avis et les recommandations, les publications de mariages ; on sait tout ce qui se passe dans la paroisse, on ne vit pas comme un sauvage, on voit le jeune militaire qui revient du service, paré de son plus bel uniforme.

La messe est terminée ; on se dirige dans le cimetière, vers la tombe d'un membre de sa famille : on se soulage par une petite prière et l'âme s'en retourne toute consolée.

Ensuite on se rend sur la place publique ; on voit ses amis, ses connaissances ; on devise des travaux, des récoltes, des blés, du foin. Le maître cherche des ouvriers ; les ouvriers cherchent du travail. L'homme de bonne volonté et d'influence termine les différends, arrête les procès. On lit les nouvelles et ordonnances du gouvernement, que M. le maire a fait afficher, afin de connaître ses devoirs, de donner l'exemple de l'accomplissement de toutes les lois et de se montrer un vrai citoyen français. Car voilà un vrai enfant de la France, un homme plus utile, et je dirais aussi plus noble que beaucoup de messieurs. Laissez faire, laissez venir les maux de la patrie ou les querelles intestines, et cet homme se lèvera dans sa force ; sa main saisira le sabre ou le fusil, et son bon sens dira aux discordes : « Taisez-vous ! ! » et il sera obéi. Celui qui n'assiste pas aux offices, est-ce un homme civilisé ? Non ; c'est une sorte de païen, de barbare, dont le corps est noyé dans la crasse, l'intelligence plongée dans la matière, si elle n'est toute dans son estomac.

Après cela on revient dîner. Ensuite on retourne en partie aux vêpres et même quelquefois au catéchisme... Pourquoi pas ? Encore une bonne joie du dimanche pour les parents. Votre enfant est là, vous le suivez des yeux ; bon, on l'interroge... Il répond parfaitement, vous l'avez si bien préparé, et reçoit force compliments accompagnés d'une image, si ce n'est d'un petit livre. Quelle joie ! quel triomphe ! surtout pour le cœur paternel.

Que dire des grands jours de fête de la religion ! L'église est parée, elle prend ses plus beaux ornements et les gens en font autant. Les enfants, ce jour-là, sont de la partie, même le plus petit, que l'on a revêtu de sa plus belle robe ; on le porte à l'église, il est si content de *voir la messe!* On le montre à toute sa famille; naturellement il est trouvé charmant et *bien grandi;* il reçoit mille caresses et pas mal de bonbons. Et le cœur du père s'épanouit, le cœur de la mère bondit de joie et de bonheur! On va s'asseoir sur l'herbe, on fait une simple collation : la cordialité en fait les plus grands frais, et elle sait si bien les faire! Voilà des joies et du bonheur qui ne coûtent pas cher. Ce n'est pas le bonheur des villes, où l'on se sent toujours éclipsé, déshérité, comme on dit; où l'âme s'en retourne, après bien des efforts, avec plus de regrets et d'envie que de vrai contentement. Les riches eux-mêmes font tant de dépenses, se donnent tant de peines pour se créer des fêtes qui ne sont pas plus amusantes que les défunts trains de plaisir.

Mais ce n'est pas tout; dans les beaux jours d'été il y a les promenades en famille à travers les champs : on respire de si bon air, le corps se repose et se fortifie, l'âme s'épanouit, on examine les récoltes, on admire la richesse de la terre, on bénit intérieurement la Providence des splendides récompenses qu'elle donne au travail; pendant ce temps-là les enfants courent, sautent, font une ample récolte de fleurs, de fruits, de noisettes, etc. De temps en temps on repasse par un hameau où se trouve un pauvre ou le vieillard qui a travaillé cinquante ans de sa vie et à qui ses jambes fatiguées refusent leur service. Hélas ! il est là solitaire dans cette vieille maison silencieuse et sombre qui a vu passer tant de générations humaines, il s'ennuie, il appelle même peut-être la mort ; on s'assied un instant auprès de lui, on cause, on lui apprend les nouvelles de l'endroit, on lui fait sentir les saintes joies de l'amitié et on le laisse avec une figure si heureuse que cela vous donne du bonheur.

Mais les jours ont diminué, le froid se fait déjà sentir, vous rentrez de bonne heure à la maison ; là vous est réservée une autre jouissance, c'est un bon petit souper en famille ; c'est jour de fête, c'est le jour de Dieu. La bonne mère a déployé une partie de ses talents dans l'art de la cuisine, elle vous a réservé un mets extraordinaire, vous en jouissez longtemps d'avance. Le bienheureux souper se prépare sous vos yeux, il est là devant le feu, dans une petite marmite, et quand on la découvre il s'en échappe un doux parfum ; c'est bien plus agréable que l'odeur rance de la cuisine de cabaret, que l'air du café ou la fumée de la tabagie.

Il est prêt, tout le monde à table, personne n'y manque : il y a le père, la mère, les vieux parents, les enfants jusqu'aux plus petits, la jeune fille et le grand garçon ; on mange avec appétit. Les joyeux propos courent autour de la table, chacun jouit du bonheur des autres. Les jours de la semaine on a si peu de temps pour se voir et s'amuser; et dire qu'avec ce qu'un seul dépense au cabaret on pourrait souvent donner ce bonheur à toute une famille; faut-il être égoïste et mauvais cœur pour l'en priver !

Mais ce n'est pas encore tout. Le repas fini, chacun se hâte de reprendre sa place autour du feu; les rangs sont serrés, car on a eu soin d'inviter les voisins, des parents, des amis; un autre dimanche ils vous rendront cette politesse. C'est là surtout qu'on devise, que l'on raconte mille histoires plus amusantes les unes que les autres. Le bon vieillard rappelle les faits de son jeune temps, de la révolution et de ses terreurs, raconte même les histoires de revenants du château voisin, du carrefour isolé, de la forêt sombre. A ce récit les imaginations frissonnent et cependant sont enchantées; les rangs se resserrent et l'on se sent heureux d'être protégé contre les revenants. Le vieux militaire du premier Empire raconte ses campagnes, les faits d'armes et les batailles auxquels il a assisté; on a entendu cela cent fois, mais c'est égal, on l'entend avec plaisir, ne fût-ce qu'en faveur de ceux qui ne l'ont entendu que vingt fois. Le jeune soldat à son retour vous parle de la Crimée, des Russes, de Sébastopol et de Malakoff. Mais que vois-je? auprès de la jambe du père sont une bouteille et un verre, un pot de bière, de vin ou de *cidre doux ;* de temps en temps on boit à la ronde; je ne m'y oppose pas; pourtant, attention, permis d'être gai, mais pas gris; chaque *tournée* est suivie d'une explosion de joyeux propos auxquels la conscience ne trouve certainement rien à redire. Après cela on fait une lecture bonne et amusante. C'est un enfant qui s'en acquitte et qui prouve par là qu'il n'a perdu ni son temps ni ses mois d'école; on fait réciter le catéchisme; que sais-je, on parle de la rigueur de la saison, de l'hiver, de la neige qui tombe, du vent qui souffle, et on jouit davantage de se trouver devant un bon feu. On donne un souvenir au jeune soldat obligé de servir la France, on s'informe du contenu de sa dernière lettre... Mais les heures se sont vite passées, il est tard, on fait la prière en commun et chacun va trouver son lit. Le repos sera bon, le corps est bien, et l'âme n'a ni peines ni regrets.

Voilà les vraies joies, heureux habitants des campagnes. Que de fois j'ai désiré d'assister à ces bonnes soirées du dimanche. Croyez-moi, c'est encore le vrai bonheur. J'ai déjà bien vu des choses et des hommes; j'ai vécu avec les grands, les riches de la terre, et je n'ai rien trouvé de si doux au cœur, de si rafraîchissant pour l'âme... Hélas! faut-il que cette vie de famille s'en aille; non, ne la laissez pas partir; ne laissez pas aller votre fils courir les villes. Au jour du dimanche, pendant que vous êtes tous si contents ensemble, lui, promène son ennui, le vide de son cœur, et sème les pièces de sa bourse de cabaret en cabaret, si ce n'est en lieu plus détestable encore. C'est si bon d'être chez soi! comment n'est-ce pas toujours compris? Il y a des familles qui ne sont plus des familles; le père est on sait où, le fils au café, la fille au bal. Pendant ce temps-là, les vieux parents se meurent d'ennui, la mère pâtit et s'impatiente, les petits enfants crient et demandent du pain. La maison n'est plus qu'une espèce de gîte où chacun vient se retirer pour dormir, et tout cela sous prétexte qu'il faut bien s'amuser. Oh! un amusement qui n'est pas partagé par ceux qu'on devrait aimer, qui leur coûte même une souffrance, n'est pas digne d'un cœur honnête et coûte trop cher. Oh! retenez donc ces saintes joies si faciles et si cordiales; ne repoussez pas les dons de la Providence, qui les a mis à la portée de tous; elle a été si bonne, que l'on peut dire tout aussi bien des petits que des grands: Sont-ils heureux!

CHAPITRE V

ÉDUCATION.

L'éducation, c'est la science de faire de braves gens, de bons travailleurs, des hommes honnêtes et de bons chrétiens. Donnez une bonne éducation à votre enfant et je dirai c'est assez ; la première ambition des parents doit être de le doter de ce patrimoine ; il n'est pas possible à tous de laisser à leurs enfants un riche héritage, tous peuvent leur léguer une bonne éducation ; avec cela, ils se tireront toujours bien des embarras et des nécessités de la vie.

Ne confondons pas l'instruction avec l'éducation; il y a une grande différence ; on peut être très-instruit et n'avoir pas un grain d'éducation, on peut ne savoir pas grand'-chose et être très-bien élevé. Il est des parents qui disent : J'ai donné à mon enfant une très-belle éducation, il a été tant d'années à l'école, je l'ai placé dans telle classe, j'ai tant dépensé pour lui; que pouvais-je faire davantage? L'éducation ne s'achète guère, elle se donne surtout à la maison. Sans doute, il faut de la science; que votre enfant sache lire, écrire et compter, aujourd'hui c'est indispensable. Comment apprendrait-il son catéchisme ? Il faut qu'il puisse écrire et recevoir une lettre, régler un petit compte, faire une bonne lecture, chanter à l'église ; mais ce petit bagage de science n'est pas le moins du monde ce qu'on appelle vraiment une bonne éducation. Cette science ne doit lui être donnée qu'en proportion de sa fortune et du besoin de la profession qu'il doit exercer.

La bonne éducation ne consiste pas en beaucoup de paroles, encore moins dans des coups multipliés.

Il est des personnes qui vous disent : Je veux que mon fils soit bien élevé ; je lui ordonne ceci, je lui défends cela, je lui répète cent fois la même chose. Hélas, c'est bien quatre-vingt quinze fois de trop. D'autres vont plus loin et vous disent naïvement : Quand mon enfant me désobéit, je lui fais plus de *jurons* sur le corps qu'il n'a de cheveux sur la tête ; j'entends qu'il soit bien élevé. Je ne sais ce que vous entendez, mais je suis sûr d'une chose, c'est que vous n'entendez rien du tout à l'éducation. Que dire des corrections ? On se met en colère, on frappe à tort à travers brutalement, sans mesure et sans précaution, au risque de blesser ; au lieu de lui faire comprendre que c'est une nécessité, qu'on regrette de la subir, on fait croire à l'enfant que c'est caprice, colère, haine même ; on perd son affection et on l'abrutit. A l'avenir, l'enfant sera dans la position de ce brave chiffonnier qui n'avait conservé de son père que le souvenir des calottes qu'il en avait reçues.

Un jour, une femme châtiait son enfant ; elle était en colère, c'était une vraie furie ; elle frappait à coups de pied, à coups de poing ; naturellement, l'enfant criait et, à chaque coup, la mère lui répétait : Vas-tu te taire ; il n'en pouvait rien faire ; celle-ci, pour aller plus vite, ôte son sabot de son pied, solide sabot, ma foi, et se met en train d'en caresser les joues et la tête de son fils. Un prêtre qui, d'aventure, passait par là, mit fin à la scène ; il était temps, la fin n'eût pas été belle. En fait d'éducation, on ne connaît qu'une chose : la colère, des cris, des coups, *une fameuse dégelée*, comme on dit, et puis on croit que tout est fini ; il est même des parents qui ont toute une kyrielle d'injures à l'usage de la bonne éducation de leurs enfants, qui vont jusqu'à les appeler fils de ceci, fils de cela… et ceci et cela ne sont pas beaux, font plus de honte aux parents qu'aux enfants.

Le premier élément d'une parfaite éducation, c'est le bon exemple ; dites peu de chose, mais faites le bien devant vos enfants, faites-le sans cesse, et puis rassurez-vous sur leur éducation. L'enfant imite tout, voyez-le tout petit enfant à l'église, il ne sait pas prier, mais sa mère se met à genoux, il en fait autant ; elle joint les mains, il joint les siennes ; elle prie, l'enfant agite ses lèvres.

Un jour un père, assez mauvais chrétien, entre dans une église ; il venait assister à une inhumation, il était accompagné de son enfant, âgé d'environ sept ans ; le père se met à genou sur un genou, le coude appuyé sur l'autre et le menton dans sa main. Le petit bonhomme en fait autant, en faisant vis-à-vis à son père ; c'était au milieu du chœur ; de sorte que, malgré la sévérité de la cérémonie, l'hilarité gagna vite une partie des assistants et même les chantres ; il fallut envoyer le bedeau régulariser la position du père et de l'enfant.

Un tel père a beau parler, jurer, frapper, l'éducation de son fils est nulle, mauvaise ; plaignez ce pauvre enfant, il est bien digne de pitié. S'il peut attraper quelques débris d'éducation, ce n'est pas à ses parents qu'il les devra.

Pour donner une bonne éducation, il faut savoir se faire respecter et aimer ; or, comment voulez-vous que l'enfant aime et respecte un être qui ne se possède pas, qui n'a que de grossières paroles à la bouche, qui jure, qui blasphème. Qu'est-ce, s'il vient donner à ses enfants le spectacle hideux de la déraison et de l'abrutissement de l'ivresse? Ces pauvres enfants s'attristent d'abord, rougissent de leur père, et quand quelqu'un nous fait rougir, on est bien près de le mépriser; ils regardent avec envie les autres familles et les trouvent plus heureuses. Alors ils ne se croient plus obligés d'écouter leurs parents, c'est bien assez de les tolérer. Ne vous querellez jamais devant vos enfants, gardez vos querelles pour le temps où vous serez seuls, ou mieux ne vous querellez pas du tout. Les querelles font toujours perdre le respect pour l'un des deux, si ce n'est pour l'un et l'autre; on ne ménage plus ses termes, le mari appelle sa femme imbécile, et celle-ci lui donne à entendre qu'elle aimerait autant un autre mari, que si le mariage n'était pas fait, il resterait toujours à faire; que voulez-vous que fasse la jeune famille qui entend tous ces colloques, que voulez-vous qu'elle pense? Ne désapprouvez jamais en face une correction donnée par votre femme, alors même que vous ne la trouvez pas juste. Que la femme ne blâme jamais les punitions infligées par son mari, de sorte que les enfants ne puissent pas s'écrier: Vous allez voir, je vais le dire à papa, je vais le dire à maman, je vais vous faire gronder.

Laissez tout passer, et puis dans l'intimité, vous redressez ce qui n'est pas dans l'ordre; la femme ne doit jamais se plaindre auprès de ses jeunes enfants des peines que lui fait endurer son mari; encore plus doit-elle se garder de lui ravir leur affection pour la posséder à elle seule tout entière. C'est une injustice et c'est un grand malheur pour ces pauvres enfants. Qui aimeront-ils sur la terre, s'ils n'aiment leur père et leur mère? Laissez leur cœur s'épanouir, laissez-le jouir pleinement des bonnes affections de la famille; ils n'auront pas la tentation d'aller en chercher ailleurs qui seraient moins pures, dangereuses peut-être.

On dit qu'un tout jeune enfant, habitué à voir son père et sa mère se quereller, tenait ce langage, dans l'abandon de l'intimité, à son père : Vous avez fait une grande sottise dans votre vie : c'était d'épouser ma mère.

Inutile de dire que la religion doit avoir la plus grande part dans l'éducation; c'est elle seule qui peut atteindre le cœur et le diriger. Aussi faut-il, dès les premières années, tourner vers Dieu le cœur de l'enfant; faites-lui aimer les pratiques de la religion, c'est si facile. Apprenez-lui à prier Dieu, non par la crainte et les menaces, mais plutôt par la persuasion. Dès l'âge de sept ans, il doit assister à la messe; si le temps ou une trop grande distance en empêche, qu'il fasse une prière à la maison. Sans doute, ces devoirs reviennent *en grande partie* à *la* mère, mais j'aimerais tant à voir le père s'en occuper; *son autorité est plus forte, et ce sera* pour lui une grande consolation. Il a parfois tant de mal, le pauvre père, il arrive si fatigué; eh bien, il se délasse en caressant ses enfants, en les voyant grandir, en recevant leurs caresses comme récompense de ses travaux, puis il les fait mettre à genoux autour de lui, il met à genoux sur ses genoux le plus jeune et les fait tous prier Dieu, à moins qu'il n'aime mieux se mettre à genoux lui-même et faire tous ensemble, d'une seule fois la prière en commun. Quand les enfants ont vu leur père si fort, si robuste, tomber à genoux, il leur semble que Dieu est plus grand.

Vient le temps du catéchisme, et il faut le faire venir de bonne heure; on voit aujourd'hui des enfants de sept ans qui savent parfaitement leur catéchisme; attendez à dix ou onze ans et vous ne pouvez rien leur apprendre. Ici, vous n'avez simplement qu'à seconder M. le curé; faites apprendre les leçons; ne permettez pas que l'on manque au catéchisme, et *surtout, si l'enfant a été grondé*, puni, ne blâmez pas, soutenez l'autorité de celui qui a *puni*; ayez même l'air d'ajouter à la punition. Un autre enfant a obtenu une récompense, le vôtre s'en revient les mains vides; de mauvais parents disent : C'est une injustice; de bons parents disent à leur enfant : Tu vois, les autres ont des récompenses et toi rien, cela me fait honte, j'espère qu'une autre fois tu réussiras mieux; et si l'enfant veut marmotter quelques excuses, dites-lui : Taisez-vous, c'est assez d'être ignorant, n'ajoutez pas l'injustice, on ne recueille que ce qu'on a semé. Vous avez été paresseux, vous avez obtenu ce qu'obtiennent les paresseux, rien du tout, et cela devait être; c'est juste, c'est bien mérité, je n'assisterai plus au catéchisme, les autres parents n'y éprouvent que de la joie, et moi que de la honte. Si l'enfant n'est pas admis à la première communion, n'allez pas importuner le curé, il lui en a déjà assez coûté de le refuser; vous allez lui dire qu'il a tel âge, que vous n'êtes pas riche : mais il sait tout cela, vous ne lui apprenez absolument rien; craignez plutôt de le pousser à admettre un indigne et de placer sur la tête de votre enfant les malédictions attachées à une première communion mal faite; le pasteur est le meilleur juge en cette matière. Quand on fait sa première communion, il faut que le cœur de l'enfant et des parents soit libre et content, et que tous puissent se rendre ce témoignage :

voilà un beau jour, voilà une bonne action.

La première communion faite, tout n'est pas fini pour la bonne éducation; au contraire, la tâche va devenir plus difficile; vous n'êtes pas de ces parents qui disent : Mon fils a l'âge de raison maintenant, c'est à lui de se bien conduire ; ma fille a dix-huit ans, je n'ai plus à m'en occuper. Ce langage est funeste. Oh! qu'il a fait de mal à nos campagnes : on s'y occupe moins de ses enfants qu'on ne le ferait d'un animal, je demande pardon de la comparaison; s'il n'est pas à son étable, on le cherche; on a une jeune fille, il est dix heures, onze heures du soir, et elle n'est pas rentrée; oh! bah, elle est avec ses camarades, elle est à s'amuser : on se couche, seulement on laisse la porte ouverte, afin qu'elle puisse rentrer quand son caprice la ramènera. Faites-en l'observation à la mère, elle vous répond d'un ton dégagé : Elle est jeune, ne faut-il pas qu'elle s'amuse? à son âge, je me suis bien amusée, moi; et Dieu sait de quels amusements il est question! Oh! ce langage n'est pas celui d'une mère; il n'y a plus de cœur, il n'y a plus de pudeur, plus rien dans cette âme. Non, une véritable mère ne peut tenir un pareil langage, il est affreux. Voilà donc comme on apprend à cette malheureuse jeune fille à remplir bientôt ses devoirs d'épouse et de mère. Voilà les leçons et les exemples qu'on lui donne. Plus prudente et plus intelligente, une mère disait tout bas un jour à quelqu'un qui la priait de laisser sa fille s'amuser comme les autres : Pour mon malheur, je sais trop ce que cela signifie, au moins faut-il que mon expérience profite à ma fille.

CHAPITRE VI

MANIÈRE DE SE CONDUIRE DANS LES GRANDES CIRCONSTANCES DE LA VIE. — BAPTÊME. — MARIAGE. — MORT.

Toujours et pour tout, il y a des convenances à garder. C'est même par là que l'on juge si un homme est honnête et bien élevé; savoir se bien tenir en toute rencontre, voilà surtout ce qui concilie le respect et l'estime...

Mais il y a dans la vie des circonstances exceptionnelles où la bonne tenue est encore plus de rigueur. Par exemple : le baptême, le mariage, une mort. — C'est là surtout que l'on voit ce que vaut un homme.

Le baptême est chose solennelle et bien

digne d'intérêt : un pauvre petit être vient de faire son entrée sur notre triste terre. Le voilà qui commence déjà à porter sa part des douleurs et des joies de la vie. Il faut donc l'entourer de soins et d'affections.

Le plus important des soins est de s'occuper de l'âme de l'enfant... On sait qu'il faut le porter à l'église au plus tard dans les deux ou trois jours qui suivent sa naissance, autrement il faudrait demander à l'évêque de son diocèse la permission de le faire ondoyer à la maison ; mais le mieux est de se hâter... La vie est si frêle dans ce pauvre petit être, il n'a presque que le souffle... La bonne mère doit trembler jusqu'à ce qu'il soit devenu l'enfant de Dieu.

La nuit il pourrait être si facilement étouffé... Au contraire, le baptême une fois donné, son cœur de mère peut s'épanouir en toute confiance ; l'enfant qu'on lui apporte du saint temple est un petit ange introduit dans sa maison ; lui-même a reçu de Dieu un ange pour être le gardien de sa vie... Pauvre enfant, puisse-t-il toujours conserver cette innocence dont il est revêtu ; puisse-t-il avoir de bons parents, et puisse son entrée dans la vie être le premier pas dans le chemin qui, à travers bien des épreuves, doit le conduire à une vie meilleure que celle à laquelle il vient de naître !

Le père va trouver M. le curé, lui annonce joyeusement la naissance d'un nouvel enfant, convient avec lui de l'heure à laquelle il sera baptisé, et il promet d'être meilleur chrétien afin de donner bon exemple au nouveau-né. Un homme qui a un peu de cœur se sent tout à coup porté aux idées sérieuses par la paternité.

Il est des parents pour qui la naissance d'un enfant est un chagrin ; le père vient d'un air piteux en annoncer la nouvelle. Autrefois un enfant était regardé comme une richesse, aujourd'hui c'est un embarras, on voudrait le repousser dans le néant. Ah ! malheureux ! savez-vous si ce n'est pas celui-là qui vous nourrira quand vous serez vieux ? Qui n'a qu'un ou deux enfants en est ordinairement mal servi. Puis la mort est là, elle peut frapper, et il ne vous reste plus personne, si ce n'est des neveux et des nièces qui passent leur temps à convoiter votre succession, à regarder si votre dos se courbe, si votre crâne perd ses cheveux, enfin, s'il y a bon espoir que vous leur laisserez bientôt votre maison et votre lit afin qu'ils puissent s'en emparer.

MARIAGE.

Le mariage est une chose bien sérieuse... Il s'agit de s'engager pour toujours, de prononcer ce oui éternel qui enchaîne quelquefois au bonheur, quelquefois au malheur ; il s'agit de lier sa vie à une personne étrangère jusque-là, inconnue peut-être, de se confier entièrement en elle, de lui donner son argent, son cœur, sa vie ; puis le mariage, c'est la source des générations : que deviendra la société si cette source est viciée?

Et cependant aujourd'hui on fait cette grande action si légèrement. Il est une chose surtout que l'on examine : l'argent. C'est l'argent qui commence les mariages, et c'est l'argent qui les achève... A-t-il fait un bon mariage, voilà la première question, et cela signifie : sa femme a-t-elle des écus ?... On ne demande pas si elle a des qualités, de la vertu, un bon caractère. Oh bien oui, tout cela est secondaire : un mariage, c'est souvent un vrai marché dans lequel un père vend sa fille... Au contrat, on débat l'affaire, on marchande, on s'éloigne, on se rapproche, on menace, on sait où trouver mieux ; on dit qu'on n'y tient pas. On s'entend, on signe, on s'embrasse, chacun souriant à la pensée qu'il vient de conclure une bonne affaire... Profanation, honte et malheur !...

Hélas ! oui, trop souvent c'est l'argent qui joue le grand rôle... c'est l'argent qui commence et qui achève les mariages. Vous avez beau faire des représentations, signaler des défauts de caractère, des différences d'âge, on vous répond : C'est un bon mariage, c'est convenable : dix mille francs d'un côté, dix mille francs de l'autre, mais c'est très-convenable ; on associe une dot à une dot, et puis l'affaire est faite ; on procède à l'union, quitte à être réduit à remettre la paix quelques mois après dans le nouveau ménage.

Pour quelques malheureuses pièces d'or on brisera une union projetée.

Le Normand a de bonnes qualités, mais je ne ferai pas une médisance en disant qu'il aime bien l'argent, et sous ce rapport beaucoup sont Normands.

Donc un brave paysan normand avait une fille et un superbe cochon. Un de ses jeunes voisins vint demander sa fille en mariage et il fut agréé avec joie. Les choses allaient bien jusque-là ; mais lorsqu'il fut question du contrat, le futur gendre frappant sur l'épaule de son beau-père, lui dit naïvement :

— Là, beau-père, je prends votre fille, mais à une petite condition, qui ne sera pas un obstacle, j'espère ; c'est qu'avec la fille il me faut votre cochon...

— Mon cochon ! s'écrie le beau-père, mon cochon ! moi vous le donner, jamais. Le plus beau cochon du pays, une bête qui vaut cinquante écus comme un sou...

— A votre volonté, répond le jeune homme... Vous êtes libre, mais je ne veux pas de la fille sans le cochon... Je ne marchanderai pas longtemps...

Il fallut donc se séparer sans rien conclure.

Cependant le public riait. La pauvre fille se désolait. On se rapprocha... On disputa longtemps. La jeune personne pria et pleura de manière à attendrir une borne de granit. Le jeune homme resta impassible. A la fin, il fallut bien que le père abandonnât le cochon... ou on lui laissait sa fille ; et voilà que la pauvre bête fut la cause bien innocente de ce mariage...

Quelquefois ce n'est pas l'argent qui dirige, mais c'est un sentiment qui ne vaut guère mieux, et le choix n'est pas fait avec plus de prudence. Deux jeunes gens se rencontrent au bal, dans les rapports de la vie ; ils se fréquentent une année, deux années, trois années, etc. L'un et l'autre, en commençant ces relations, savent bien qu'ils ne sont pas en mesure de se marier prochainement. Les parents laissent faire, pas de surveillance de leur part. Cependant le monde jase et un jour arrive où le mariage est forcé ; on s'en va à l'église en baissant les yeux de honte, pendant que les langues vont leur train... Quelles dispositions pour recevoir un sacrement ! car le mariage est bien un sacrement qu'il faut recevoir en état de grâce, auquel on devrait se préparer comme à la première communion ; c'est bien le moindre souci. La jeune fille s'occupe de son trousseau et de sa toilette, le jeune homme de ses affaires ; après cela...

Après cela on est malheureux, on se plaint, on s'accuse ; les enfants sont mal élevés, on souffre ; à qui la faute ?

On se trouve dans le cas d'un brave homme qui, il n'y a pas longtemps, allait trouver le maire du 10e arrondissement, à Paris.

— Monsieur le maire, lui dit-il, je viens pour que vous ayez la bonté de me *démarier*.

— Vous *démarier !* mais je ne le puis...

— Comment, vous ne le pouvez ; mais c'est vous qui m'avez marié. Ainsi vous pouvez bien défaire ce que vous avez fait.

— La loi s'y oppose...

— La loi? La loi, je la connais aussi bien que vous ; tenez, j'ai là dans ma poche un livre, vous allez voir... et il tire de sa poche un vieux code dans lequel se trouvait une malencontreuse faute d'orthographe, une *s* ayant été remplacée par un *t*... puis lit : « Le mariage n'est pas valide s'il n'y a *contentement.* » — Eh bien, monsieur le maire, je ne suis pas du tout content. Au contraire, je suis bien malheureux, je souffre beaucoup...

Que d'autres seraient de son avis ! Mais ils l'ont voulu, ils se sont jetés dans l'abîme ; la première question n'était par l'argent : c'était le cœur, c'était la vertu, c'était l'amour du travail, c'était tout ce qui fait la bonne mère ou le bon père de famille, c'était l'honneur surtout ; ensuite devait venir l'argent...

Le jour de la cérémonie, on va à la mairie, on s'engage par de solennelles promesses. Sans avoir l'air de comprendre, on arrive à l'Eglise, on la remplit de tapage, on va, on vient, on cause, on rit, il semble que ce n'est plus le bon Dieu du dimanche et des autres jours ; la jeune fille, rendons-lui ce témoignage, se tient assez bien, l'homme a l'air de revenir de Pontoise ; c'est à peine, quand le prêtre dit : Donnez-vous la main droite, si on peut venir à bout de la trouver ; ce n'est pas tout ; la cérémonie terminée, il va trouver M. le curé, il lui adresse cette question :

— Combien vous est-il dû ?

— Voyez le tarif ; c'est sept francs cinquante.

— Sept francs cinquante ? C'est bien cher pour se marier ; est-ce que ça ne pourrait pas passer pour cinq francs ; il y a M. le curé de tel endroit qui marie les gens pour cinq francs.

Il lui semble qu'il est encore à la foire où il marchande un mouton; notez que l'homme qui dispute cinquante malheureux sous au pauvre curé, dépensera peut-être vingt francs de trop pour sa noce. N'agissez donc pas ainsi, cela vous rend haïssable; si vous êtes pauvre, dites-le, on vous mariera pour rien; mais conduisez-vous en homme bien élevé; le jour de ses noces on a toujours de l'argent ou on doit toujours paraître en avoir.

Dans le reste de la journée, que la maison du repas n'ait pas l'air d'être une succursale de Bicêtre par les propos orduriers ou les demi-mots aussi bêtes que coupables qu'on y entend. Enfin que tout se passe comme cela doit se passer chez un honnête homme, alors même qu'il n'est pas chrétien.

LA MORT.

Mais voici la plus solennelle de toutes les circonstances : une grave maladie frappe une personne de votre famille; elle va passer de ce monde dans la terrible éternité. Alors, prenez votre cœur, suivez ses inspirations, et ne vous occupez pas du reste; ce n'est pas le moment de songer aux misérables intérêts de la terre. Sur ce point, il y a bien des gens qui sont vraiment haïssables et qui font dire souvent de tous les habitants des campagnes : Sont-ils matériels, sont-ils grossiers, sont-ils brutes ! Vous visitez un malade, vous l'examinez, puis des parents viennent vous faire cette question : Croyez-vous qu'il en ait encore pour longtemps ? Je voudrais le faire songer à régler ses affaires, et puis il faut penser à commander son cercueil. Ils négligent d'abord de faire venir le médecin, sous prétexte que la maladie n'est pas assez grave ; à la fin on dit : Ce serait inutile, à quoi bon dépenser de l'argent ? Un cheval tombe malade, vite on va chercher un vétérinaire ; on voit un de ses parents souffrir, on dit : Aller chercher un médecin ça coûtera de l'argent. Une chose avant tout préoccupe : c'est la succession ; voilà ce qui fait tourner les têtes et tue les bons sentiments du cœur ; le pauvre moribond est encore là étendu dans son lit, il respire encore, et déjà les yeux sont sur les clefs des armoires ; on veille à ce que rien ne soit distrait, on calcule déjà ce que l'ensemble peut rapporter. On a l'air de se lamenter, mais si on pleure ce n'est que d'un œil ; pendant ce temps-là, le malade lutte avec la douleur et l'agonie ; c'est à peine si on a songé à envoyer chercher un prêtre ; cela abrégerait ses jours, dit-on, et quelquefois il y a sous cette apparence de pitié mal fondée un cruel sentiment.

On se dit : Mais si mon père avait acquis quelque chose injustement, le prêtre ordonnerait une restitution, ce serait autant de moins. Courage, mon père disait un scélérat de fils à son père effrayé du bien d'autrui qu'il possédait, on s'accoutume à tout, vous vous accoutumerez à l'enfer comme à autre chose. Mais voici un noble langage : une jeune fille suppliait son père mourant de se réconcilier avec Dieu ; il refusait obstinément, elle insiste ; à la fin celui-ci lui glisse cette parole dans l'oreille : Me réconcilier, je le voudrais bien ; mais je ne le puis à cause de toi ; si je restituais tout ce que j'ai pris, il ne resterait presque rien. A ces mots, la jeune personne tombe à genoux au pied du lit de son père et le supplie de ne rien craindre pour elle. Comment pourrais-je jouir, ajouta-t-elle, d'une fortune qui serait le prix du bonheur et de l'âme de mon père? Le prêtre vint, tout fut rendu jusqu'au dernier centime, et la jeune fille était heureuse !...

Cependant la mort a frappé ; naturellement, on fait quelques démonstrations de douleur, mais au meilleur marché possible ; on dit : C'était un si brave homme, c'était une si brave femme ; c'est un grand malheur ; jamais nous ne retrouverons ce que nous avons perdu. Cela n'empêche pas de marchander le prix de l'inhumation et les prières pour le défunt; on lui fait dire une messe, deux messes, puis il est oublié. Oh! les morts ont bien raison de ne pas revenir, ils seraient désolés; un homme laisse une jolie succession, et on regrette la petite somme que l'on dépense à son intention. Hâtons-nous de dire que, grâce à Dieu, il est beaucoup de contrées en France où les choses ne se passent pas ainsi. La mort y est chose sacrée : c'est l'affection chrétienne qui dirige toujours, les soins et les larmes sont sincères, et le mort n'est de longtemps oublié; on va prier sur sa tombe, le dimanche; chaque semaine, pendant un ou deux ans, une messe est dite à son intention; vous entendez les cœurs honnêtes vous dire : Mes parents m'étaient si bons, c'est à eux que je dois une bonne partie de ce que je possède, et c'est bien juste que je fasse quelques sacrifices pour eux.

Mais si le mourant est un oncle ou une tante à succession, c'est bien autre chose encore; tous les héritiers sont là à s'entr'-examiner sans perdre de vue l'héritage, on se jalouse, on redoute un testament, on redouble d'empressement auprès du bon oncle, ou de la bienheureuse tante; on a l'air de les chérir, ce qui n'empêche pas que, si, à la mort, il se trouve un testament qui vous enlève tout ou partie de vos espérances.

on se fâche, on maudit leur mémoire, on voudrait reprendre les services qu'on leur a rendus ; puis il faut voir la haine que l'on porte à ceux qui ont été mieux partagés ; on crie jusqu'à les accuser d'avoir volé cette succession : si le testament avait été en notre faveur, tout eût été dans l'ordre, mais un testament en faveur d'un autre, c'est un vol. Il y a une soif d'argent qui met la division dans les esprits, la rage dans les cœurs; oh! la triste position sociale, que celle d'un oncle ou d'une tante à succession, on ne sait jamais si on a des amis dans sa famille. Après les démonstrations les plus amicales, qui sait si on ne s'écriera pas comme un neveu : *Quel bonheur, mon oncle est mort!* expression atroce qui trahit le fond d'un cœur perverti.

On dit qu'un riche propriétaire normand allait mourir. Il n'avait pas d'enfants, mais il ne manquait pas d'héritiers, il avait des neveux ; ils étaient là, autour de son lit, lui prodiguant les soins empressés que l'on prodigue en pareille circonstance, surtout à un oncle dont on doit hériter. Avant de mourir il voulut savoir si tout cela était sincère ; donc il leur commande à tous de se retirer, ils restent ; il répète l'ordre ou il va les déshériter ; il veut, dit-il, mourir seul ; tous obéissent, moins une jeune personne ; le mourant lui réitère son ordre, en la menaçant de la déshériter. « Oh ! répond-elle, vous le pouvez ; ce n'est pas pour votre fortune que je veux rester auprès de votre lit, c'est pour vous. » Elle fut la seule héritière, et elle l'avait bien mérité ! Oui, respectons les derniers moments du moribond, un jour nous serons à l'agonie comme lui, à moins qu'un accident ou une mort subite ne nous enlève le temps de réclamer les soins des hommes et le pardon de Dieu.

Voilà pour le corps... Mais le cœur ne doit pas être muet en présence de cette terrible et dernière lutte où l'âme et le corps semblent aux prises. L'honnête homme ne rencontre jamais un cercueil dans nos rues sans ôter son chapeau en signe de respect ; c'est bien autre chose quand on voit un ami qui vous touche de près, sur le point d'entrer dans son éternité. Il y a là des devoirs et même des convenances à observer. Si le prêtre n'était pas venu, il faudrait courir le chercher, il est déjà si tard ! Enfin on ne laisse pas mourir un homme comme un animal. Il a déjà bien assez souffert dans sa vie... Que dire à son propre cœur, pour le consoler, en présence de ce cadavre que la religion n'a pas béni, et à la pensée de cette âme partie pour l'éternité sans avoir reçu le sacrement du pardon ?... On dit, il est vrai, pour s'excuser : « J'ai craint de lui faire de la peine, de porter un mortel coup à ce pauvre malade. » Soyez de bonne foi, quand il est question d'un testament fait en votre faveur, vous n'êtes pas si réservé ; on ne manque pas de glisser ceci au malade : « Il est toujours mieux de prendre ses précautions, on ne sait pas qui meurt, ni qui vit, vous n'êtes certainement pas mourant ; mais, cela fait, vous serez plus content ; » et il est bien à craindre que l'on n'aime un peu plus l'argent de ses parents que l'on n'aime leur bonheur.

En général, il faut respecter la douleur et la mort, même dans l'étranger, l'inconnu et le pauvre. A Paris ce respect est touchant : un convoi funèbre passe, tous, riches et pauvres, ôtent leur chapeau, et prennent une attitude digne et grave ; à la campagne c'est la même chose ; tant que le mort n'est pas encore dans la tombe, on se tient convenablement, au besoin on pleure, la cérémonie funèbre terminée, on se rend avec ceux qui l'ont porté à son dernier asile au cabaret voisin, là on boit, on parle, on se grise, on chante, et l'on se sépare presque en se disant : Vivent les morts, quel est celui que l'on enterrera prochainement. Voilà quelque chose de dégoûtant, qui sent la barbarie et pas du tout la civilisation.

En toutes ces rencontres solennelles, montrons-nous Français et chrétiens, c'est-à-dire honnêtes, dignes, et pleins de cœur; ne ternissons pas les plus beaux sentiments du cœur humain; en chaque homme voyons un semblable, un frère, et un enfant de Dieu; c'est plus qu'il n'en faut pour les respecter, et pour nous respecter nous-mêmes.

CHAPITRE VII

CE QU'IL FAUT FAIRE QUAND QUELQU'UN TOMBE MALADE.

A la campagne, il n'y a pas d'hôpital, souvent pas de médecin dans la paroisse, guère de moyens de se procurer une garde-malade ; du reste, il faudrait de l'argent pour la payer, et c'est déjà bien assez d'être privé de ses journées. Cependant la maladie visite de temps en temps, comme partout ailleurs, et une seule maladie ce serait suffisant pour mettre une famille dans la gêne, si elle n'était aidée. Il faut donc que chacun prenne sa petite part du mal, ensuite il sera moins lourd à porter.

Dans chaque village, grâce à Dieu, il y a une brave femme, bonne mère de famille, dévote à Dieu et charitable au prochain ; s'il en manque quelque part, il faut vite la créer, ce serait une honte pour ce village ; eh bien, cette brave femme, on commence par aller la chercher, si déjà elle n'est venue d'elle-même, le malade lui explique son mal, elle ordonne quelque remède innocent, elle remonte le courage du patient, donne un coup de main à son lit pour qu'il soit mieux couché, avertit la famille riche, apporte une couverture, un drap, un traversin ; puis, si le mal est grave, on fait venir le médecin. N'attendons pas trop tard, c'est une économie qui coûte parfois bien cher ; on avait une indisposition de trois ou quatre jours ; faute d'avoir arrêté le mal de bonne heure, on en aura pour deux ou trois semaines, sans parler du danger auquel on expose sa vie.

Le médecin venu, faites en sorte que l'on suive ses prescriptions de point en point ; à quoi bon l'avoir appelé, à quoi bon l'argent dépensé, et surtout laissez dire les commères, si vous ne les mettez à la porte. Oh ! les commères, voilà le fléau des pauvres malades à la campagne, elles pourraient bien avoir plus d'une mort sur la conscience.

M. Récamier a dit :

« La médecine des commères fait chaque

année plus de victimes que les épidémies les plus meurtrières. »

Enfin, on a été chercher le médecin, et il arrive. Parents, amis, voisins, tout le monde assiste à sa visite. Si l'homme de l'art n'aperçoit aucune indication positive, s'il ne voit rien d'énergique à prescrire, il ordonne le repos, une tisane, et il se retire. Dès qu'il est sorti, s'élèvent les récriminations et les commentaires.

—Avez-vous jamais vu un médecin comme cela? il n'a rien ordonné seulement.

— Ces gens-là, ça ne donne pas grand'-chose, ils veulent prolonger la maladie...

Ne craignez pas moins la nourriture forcée.

Quand le père de famille est malade, la ménagère prend son panier, elle puise une pièce de cinq francs dans la bourse aux épargnes, et elle part pour le marché.

Son pauvre homme est malade, il ne s'agit pas de songer à l'économie.

Elle revient bientôt avec un bon pot-au-feu, quelquefois même avec un poulet; on met la poule au pot, et on arrive au lit du malade avec une bonne assiettée de soupe.

— Avale-moi cela, je t'y engage ; cela te remettra, j'en suis sûre!

Le malade docile se soumet, et il gagne une indigestion qui, loin de le fortifier, l'affaiblit encore.

Je me rappelle une caricature qui m'a fait rire, parce qu'elle retraçait un ridicule réel, et qu'en riant je ne songeais pas aux résultats dangereux du travers qu'elle représentait.

C'était une femme en toilette de cuisine, arrêtée sur son carré; elle causait avec une voisine et tenait à la main une assiette toute pleine dans laquelle une cuillère se tenait debout; au fond du tableau, on apercevait, par une porte grande ouverte, la tête moribonde d'un malade couché dans son lit. Au bas de la gravure, on lisait ce petit dialogue :

« Eh bien! votre mari est donc malade? — Oui, ma chère, le médecin l'affaiblit avec toutes ses drogues; mais je viens de lui préparer cette petite soupe aux choux pour le réconforter un peu (1). »

Cette gravure, représente parfaitement l'erreur que je viens de combattre.

Si la maladie continue, chacun s'efforce d'y apporter un petit adoucissement. L'un procure une douceur, l'autre une consolation; il faut passer les nuits, l'un veille jusqu'à minuit, l'autre jusqu'au jour. La nuit suivante il s'en trouve pour rendre le même service. Si le bois manque, vous apportez votre morceau comme des enfants qui vont à la classe; si le linge fait défaut, vous prêtez

(1) Le docteur Jules Massé.

du vôtre ; ne faut-il pas bien que l'on s'entre-oblige dans la vie !

Le maire de la commune d'Heuilley-sur-Saône vient d'adresser le rapport suivant à M. le préfet de la Côte-d'Or :

« On rencontre parfois de ces traits rares, où la vertu, cachée dans l'obscurité, n'en a que plus de splendeur. Le trait suivant, dont j'ai l'honneur de vous faire part, sur la demande que vous m'en avez faite, fait honneur à la classe des citoyens pauvres, et prouve que, dans la position la plus malheureuse, on peut être très-utile à ses semblables.

» Dans la commune d'Heuilley vivait une pauvre femme octogénaire qu'on appelait Jeanne Séguin, veuve Fort. Née à Renève, morte à Heuilley, âgée de 82 ans, sans aisance, n'ayant pour partage que la misère, et pour abri qu'une pauvre chaumière, cette femme vécut du travail de ses mains tant qu'elle conserva assez de force pour gagner sa vie. Arrivée à un âge avancé, les maux de la vieillesse vinrent fondre sur elle et la rendirent impropre au travail ; elle se vit forcée d'avoir recours à la charité publique ; mais ses infirmités s'accrurent avec l'âge et la forcèrent à ne plus quitter sa chaumière, après l'avoir réduite à l'état le plus triste et le plus déplorable.

» Clouée sur son grabat, en proie à toutes les horreurs de la maladie, n'ayant pour la secourir ni parents, ni enfants, que va-t-elle donc devenir? Tout le monde a pitié de cette malheureuse, et personne n'a le courage d'aller lui donner les soins que réclame sa triste position.

» Une femme, une seule femme se dévoue pour elle; c'est Jeanne Charlot, veuve Fleutot, née à Heuilley le 27 février 1813. Depuis longtemps déjà cette femme partage avec la malheureuse le pain qui lui est à peine suffisant; abandonnera-t-elle maintenant la malade que depuis longtemps elle secourt? Non; Dieu lui montre dans cette personne des misères à soulager, une œuvre méritoire : dès lors elle n'hésite plus.

» Ni les soins vils et dégoûtants que réclame la position de la malade ne la rebutent, ni même les plaintes qu'elle laisse échapper; cependant l'état empirait et devenait de plus en plus alarmant.

» L'active et charitable veuve redouble aussi son courage, et son dévouement ne connaît plus de bornes : elle ne quitte plus la malade; jour et nuit elle veille seule à son chevet.

» Enfin, épuisée de veilles et de fatigues, elle vient me prier de payer quelqu'un pour veiller avec elle. Personne n'a le courage d'aller respirer l'inqualifiable odeur qui règne dans la chambre. Cependant quelques jeunes gens se présentent et veillent de corvée, pendant deux nuits, l'agonie de la veuve Fort, qui expire le 31 juillet 1854.

» C'est à bon droit qu'on admire le dévouement de Jeanne Charlot, veuve Fleutot, dévouement qu'on peut à juste titre qualifier d'héroïque. Je ne dois pas omettre de faire mention, dans ce rapport, d'une action qui sera une nouvelle preuve de sa loyauté et de son désintéressement.

» Une somme de 15 fr. fut trouvée par elle dans le domicile de la défunte : loin d'avoir la pensée de garder cette somme, qui n'aurait été qu'un bien faible dédommagement des soins qu'elle lui avait prodigués et de la nourriture qu'elle lui avait fournie pendant sa maladie, qui dura trois ans, elle me la remit pour payer les principaux frais d'inhumation et le cercueil que je voulais faire faire aux frais de la commune.

» Voilà, monsieur le préfet, le détail imparfait du dévouement de Jeanne Charlot, veuve Fleutot, envers la veuve Fort; imparfait, dis-je, car il me serait difficile de faire le tableau exact de tout ce que cette courageuse veuve endura de privations et de fatigues pour une personne délaissée, manquant de tout, qui ne lui était attachée par aucun lien de parenté, et dont elle ne prit soin que par pur esprit de religion et de charité chrétienne. »

CHAPITRE VIII.

LA CHARITÉ.

Ce que je viens de dire pour la maladie, vous le ferez en toutes circonstances; il y a bien d'autres misères : il y a la pauvreté d'abord, il y a les accidents, un incendie, une inondation, une perte de bestiaux, une grêle, etc.; dans ces calamités, un homme aidé peut être un homme sauvé; si vous l'abandonnez à lui-même, il ne s'en relèvera jamais.

Parlons d'abord des pauvres.

Grâce à Dieu, il y a en général moins de pauvres à la campagne qu'à la ville; c'est donc un moins grand fardeau, aussi il ne faut pas chercher à s'en débarrasser comme on le fait quelquefois. Déplacer la misère n'est pas la guérir; que voulez-vous que ces pauvres gens fassent ailleurs où personne ne les connaît? surtout que voulez-vous qu'ils fassent dans une grande ville où ils seront perdus? N'imitons pas un brave maire qui donnait à volonté à ses administrés passeports et certificats excellents pour les envoyer à Paris. Comme quelqu'un s'en plaignait à lui : « C'est vrai, j'ai déjà envoyé une dizaine d'individus à Paris et j'en ai encore une vingtaine que je voudrais bien voir suivre les autres ; ce n'est pas moi qui leur refuserai des certificats de bonne conduite : ce sont des gredins qui seraient bien capables de mettre le feu à ma ferme, des gueux qu'il faut nourrir ; à Paris il y a des secours et une police. Qu'on fasse de ces gens-là ce qu'on pourra. » Avec ce système, la paix à Paris serait impossible et bientôt il vous arriverait une révolution par la poste ou par le télégraphe, et puis fiez-vous à ceux qui vous présentent des certificats de M. le maire.

Le mieux est que chaque paroisse se charge de ses pauvres autant que possible. Ne les laissez pas aller mendier dans les paroisses voisines, surtout les petits enfants, vous en aurez bientôt fait des vauriens, des fainéants, des êtres qu'il faudra nourrir à perpétuité, eux et leur génération de paresseux ; de même ne laissez pas circuler chez vous les enfants des autres paroisses ; l'aumône que vous leur donnez leur fait bien du mal; soyez sévère sur ce point; que la diligence qui passe en votre pays ne soit pas entourée d'une foule de ces petits misérables déguenillés : c'est une honte pour vous, ce n'est pas là leur place, ils doivent être à l'école s'ils sont petits, au travail s'ils sont grands. Qui n'envoie pas ses enfants à la classe, à l'église, ne doit jamais être assisté : ce serait encourager et développer la misère et la fainéantise. Voici un moyen de procurer aux enfants pauvres, pour aller à la classe, du pain et des vêtements.

Souvent, dans les campagnes, les enfants vagabondent et ne vont pas à la classe, parce que les parents n'ont pas le moyen de les vêtir convenablement et de garnir le panier de vivres. Le curé de Saint-Paul-du-Verney (Calvados) a trouvé un moyen de remédier à cette misère : il a réuni tous les enfants pauvres de sa paroisse; il en a formé une espèce d'atelier, il s'est mis à la tête, et dans les heures libres on travaille, on ramasse des pierres que l'on vend, on fait des entreprises de travaux, des remblais, des nettoyages de fossés, des routes; on sarcle, on moissonne et on gagne de l'argent, et chacun trouve là son dîner et de bons vêtements, et, au lieu de vagabonds et de pauvres ignorants, leurs parents auront des enfants instruits et disciplinés au travail. Pour arriver au bien, il ne s'agit que de s'entr'aider.

Quant aux pauvres qui ne peuvent pas travailler, on se les partage, ou bien on s'entend ; aujourd'hui un pauvre trouve son dîner ici, demain ailleurs, sans parler des petites provisions de pommes de terre, de bois, de graisse que l'on a eu soin de faire déposer chez eux au commencement de l'hiver. C'est un incendie, on y court, on se dévoue, on sauve tout ce que l'on peut. Dieu soit béni, cela se voit souvent en notre généreux pays de France.

M. le préfet du Var a signalé à M. le ministre de l'instruction publique, en lui transmettant la note suivante, l'honorable exemple que vient de donner M. Roux, instituteur public de son département, à l'occasion d'un incendie :

« Dans l'incendie qui vient de réduire à un état de gène voisin de l'indigence le nommé François, fermier de M..., aux Arcs, près Draguignan, tous les habitants de la commune, accourus sur le lieu du sinistre, ont fait leur devoir; les maçons et les travailleurs ont fait preuve du plus intrépide dévouement, et citer les noms de tous ceux qui se sont distingués serait trop long. Mais nous ne pouvons résister à l'admiration que nous ont inspirée le courage, le sang-froid et la présence d'esprit de l'instituteur communal, M. Roux, qui n'a cessé, tant qu'a duré le danger, de se tenir sur la brèche, de combattre le feu, animant les autres de la voix et du geste, et qui n'a quitté le lieu du sinistre qu'après avoir vu s'éteindre la dernière étincelle, au milieu des acclamations et des félicitations des habitants.

» Ce n'est pas la première fois que M. Roux nous donne ainsi le spectacle touchant des nobles sentiments qui l'animent : déjà, et à peine l'épouvante nouvelle des inondations qui ont affligé nos malheureux voisins fut-elle connue, que ce digne instituteur, assuré de l'agrément de ses chefs, prit l'initiative des souscriptions, et, le premier entre tous ses collègues du Var, versa dans les caisses publiques le montant de la modeste collecte à laquelle il fit participer ses heureux élèves. Aujourd'hui, son cœur intelligent et dévoué a compris d'abord qu'après avoir triomphé de l'incendie, il y avait encore des misères à éteindre, et il a pensé aussitôt à une nouvelle collecte. Ce projet à peine conçu a été suivi d'une prompte et heureuse exécution. Après avoir obtenu l'autorisation de M. le maire des Arcs, il a organisé une souscription en faveur de l'infortuné François; une somme de 178 fr. 30 cent., qui en a été le produit, a été remise à ce dernier, en présence de M. le maire et d'un honorable vieillard, nommé Lombard, qui a voulu s'associer à la bonne action de M. Roux, et qui l'a accompagné dans ses diverses excursions. »

Voilà ce que vous ferez; de plus, si le pauvre incendié n'est pas riche, on lui donne un coup de main pour rebâtir sa maison, le cultivateur donne des charrois, le propriétaire un arbre, le fermier de la paille, le charpentier, le maçon, le menuisier, le maréchal donnent des journées, et tout est bientôt restauré, et voilà un homme relevé.

Agissez ainsi en toute autre semblable occasion.

Un père de famille est indisposé, il ne peut cultiver son champ, il va subir de ce côté-là une autre perte, le chagrin même le mine. Eh bien, deux ou trois hommes de cœur se réunissent, s'entendent et vont en trouver une douzaine d'autres, et un beau matin le champ est travaillé, mis en état, et le pauvre homme est à moitié guéri.

Un vigneron de Sainte-Ruffine, père de trois enfants, étant tombé d'un arbre, s'est luxé l'épaule, et il ne pourra par conséquent travailler de longtemps; sa femme est également empêchée pour cause de maladie. Le maire de la commune a eu l'heureuse pensée de demander aux habitants de venir à l'aide de ce pauvre ménage dans les travaux de culture. Cet appel a été dignement compris, et trente vignerons au moins sont venus faire à la vigne de leur camarade les travaux indispensables. Beaucoup d'autres, n'ayant pu dans le moment prendre part à cette bonne œuvre, ont promis de payer à leur tour le saint tribut de la charité.

Des habitants de la commune de Jussy, au nombre de huit, ont voulu aussi concourir à cette bonne action.

A Léry (Eure), sur l'appel bienveillant du maire, cinquante habitants se rendaient aux champs pour avoir soin des récoltes appartenant à une malheureuse famille. En peu d'heures, légumes de toute espèce et autres récoltes ont été sarclés, binés et mis en état au profit de cette famille, douloureusement éprouvée par la mort de deux de ses membres. Cette tâche terminée, chacun des travailleurs rentrait chez lui, heureux de cette bonne action accomplie spontanément et avec une modestie qui en relève le mérite.

En toute circonstance, qu'il y ait un brin de charité. On se marie, c'est un jour de fête, qu'il y ait une aumône pour les pauvres, une offrande à l'église, même la création d'une institution qui soit un souvenir et une bénédiction pour votre union, si vos moyens le permettent.

On tire au sort, encore une occasion de faire du bien. Il ne serait pas mal de donner aux pauvres au moins une partie de l'argent que l'on dépense de trop ce jour-là, tout le monde s'en trouvera bien.

Une troupe de jeunes conscrits, qui venaient de tirer au sort, traversait, il y a quelque temps, en chantant, une rue du quartier des Terreaux, à Lyon, ayant tous à leur chapeau des rubans ornés de couleurs éclatantes, et ayant passablement bu, comme le veut une fâcheuse coutume. Tout à coup, ils aperçoivent deux *Petites-Sœurs des pauvres*, revenant humblement de quêter pour les soixante-dix-sept vieillards qu'elles ont déjà recueillis, et qu'elles soignent avec dévouement. Le premier de la bande impose alors silence à ses camarades, et leur dit :

« Mes amis, je connais ce costume ; ce » sont des Sœurs qui se dévouent au soulagement des vieillards les plus pauvres ; » nous avons assez bu aujourd'hui, aidons à » cette bonne œuvre et donnons aux Sœurs » l'argent qui nous reste. »

Là-dessus, pendant qu'il énumère le bien que font les Petites-Sœurs, chacun fouille ses poches, vide sa bourse; puis, l'un des jeunes conscrits, cachant son chapeau et ses rubans le mieux qu'il peut, se présente à la maison des Sœurs, et raconte ce qui vient de se passer. L'accueil qu'il en reçoit l'émeut tellement qu'il en rend compte à ses camarades, et que sur son récit tous veulent avoir la satisfaction de visiter le nouvel établissement. Ils y entrent et le parcourent avec l'admiration la plus grande.

« Mes Sœurs, dit l'un d'eux en se retirant, » nous sommes pauvres, un jour peut-être » nous aurons à venir vous demander une » place. En attendant, tant que nous le pour» rons nous, vous aiderons de nos faibles » ressources. »

N'est-ce pas bien finir une journée commencée dans de déplorables et ruineux plaisirs? Que de gens feraient bien de prendre modèle sur les jeunes conscrits de Lyon, et de consacrer aux pauvres, et spécialement à leur parents pauvres et infirmes, ce qu'ils gaspillent si follement au cabaret!

Voici un trait qui résume et qui confirme tout ce que nous avons dit dans les deux chapitres précédents, il a été raconté dans un comice agricole par un témoin oculaire:

« Bricard, marié jeune encore, était venu cultiver avec sa femme la petite ferme de Sours, où demeurait sa mère. Dieu n'avait pas tardé à bénir une union si chrétienne ; dix enfants, dont huit vivent encore, en furent le fruit. Tous ont été élevés dans l'amour de la vertu et du travail.

» L'intelligence et le courage de Bricard, l'économie et l'ordre de son excellente femme, et les produits d'une ferme d'un peu plus de six hectares, avaient suffi à cette nombreuse famille. Bricard n'avait pas cessé, même dans ses plus mauvaises années, de bien payer son maître, et lorsque son troisième fils était tombé à la conscription, il avait réuni toutes ses économies et trouvé 1,500 francs pour lui acheter un remplaçant.

» Béni de Dieu et aimé de ses voisins, le pauvre ménage prospérait ; car, s'il n'avait pas d'argent, il n'avait pas de dettes. La ferme, cultivée comme jardin, nourrissait la famille entière ; l'aîné des cinq garçons avait vingt-sept ans, et la plus jeune des filles en avait onze.

» On était alors à la fin de 1850. A la même époque, dans la commune de Saint-Quentin-en-Mauges, vivait un frère de Bricard, marié et père de cinq enfants, dont l'aîné avait sept ans à peine. Il était dans un état voisin de l'indigence, lorsqu'il fut atteint avec sa femme de la fièvre typhoïde.

» Bricard accourt à cette mauvaise nouvelle, et, ne pouvant rester que quelques jours éloigné de sa ferme, il laisse sa femme au chevet du lit de son frère et de sa belle-sœur : elle y reste six mois entiers, sans rétribution ni salaire, séparée de son mari, de ses enfants, de son ménage ; puis, quand la mort frappe successivement les deux époux, Bricard revient trouver sa femme ; ils adoptent les cinq orphelins, et, malgré les conseils qu'on leur donne, quoiqu'il n'y ait d'autre héritage que deux couchettes et un berceau, ils conduisent leurs neveux et leurs nièces à la ferme des Sours.

» Vainement leurs voisins leur disent qu'ils ne peuvent pas les élever tous, qu'il y a d'autres parents plus aisés, que c'est presque tenter la Providence. A toutes ces objections, Bricard n'a qu'une réponse : « Je suis le frère de leur père. Ma femme, mes enfants et moi les aimerons mieux que tous les autres, et Dieu ne nous abandonnera pas. — Mais la ferme de Sours ne peut ni loger ni nourrir les nouveaux venus. — Qu'importe ? Bricard dira alors à ses propres enfants : Quatre de vous vont quitter la maison et se gager chez de bons métayers. Il y aura encore neuf enfants à la ferme, et de plus votre père et votre mère. »

» Voici aujourd'hui six ans que cet excellent homme continue cette œuvre de dévouement, quoique ses forces soient bien épuisées par un travail excessif. Si on lui parle de sa charité, il paraît tout surpris; il croit avoir fait une action très-ordinaire et s'étonne du prix qu'on y attache. Sa seule science est d'aimer Dieu et de bien cultiver ses champs. Rien n'égale sa foi et son abandon à la Providence. Ses petits neveux sont devenus ses enfants, et il leur prodigue les soins de la nourrice la plus tendre.

« La première fois que j'allai le voir à Sours, il berçait le plus jeune en tenant le second sur ses genoux, tandis que sa femme, entourée des trois autres, préparait le laitage qui devait servir de nourriture à tous. Des larmes d'émotion me vinrent alors aux yeux, et je pensai à ces trésors de charité et de vertu enfouis dans le cœur des admirables paysans de nos contrées, « familles vraiment patriarcales au milieu des excès d'une civilisation corrompue, inébranlables contre les blasphèmes qu'ils sont forcés d'entendre, purs au sein des scandales qui les environnent et les affligent, vivant pour Dieu et pour le bien public. »

» L'année dernière, le cinquième fils de

Bricard tombait à la conscription. Resté avec ses parents à la ferme, il en était la consolation et l'appui. Ses trois frères aînés se réunissent à cette triste nouvelle et prennent la résolution de lui acheter un remplaçant. Mais quel moyen prendre? Ils ne possèdent rien à eux trois. Leurs gages, depuis six ans, ils les ont donnés à leur vieux père, sans se réserver autre chose que leur entretien. Mais ils ont confiance en Dieu et en des maîtres qui les aiment. Ils les prient de leur avancer cinq ou six années de gages; ils travailleront gratuitement pendant tout ce temps, et auront ainsi le bonheur de conserver leur frère.

» Très-bien, mes garçons, dit un des bons métayers qu'ils servent si fidèlement, je ne demande pas mieux que de vous venir en aide; mais si vous alliez mourir, mon argent serait perdu. — Nous n'y avions pas pensé. C'est vrai, vous ne seriez pas remboursé, répondent ces pauvres jeunes gens, d'une voix attristée. — Non, mes amis, Dieu vous conservera pour terminer votre bonne œuvre; mais, en tout cas, cette crainte n'est pas un obstacle. Voici l'argent que vous demandez. »

» Quelques jours après, au conseil de révision, Bricard présentait un remplaçant pour son fils; il lui avait coûté 3,200 fr.

» Ici tout est admirable, et, en vérité, on

est fier d'habiter un pays qui produit de telles vertus.

» Le malheur peut frapper à la porte de toutes nos familles. Nous aussi pouvons avoir la garde de petits orphelins. Que l'exemple sublime du pauvre cultivateur Bricard nous revienne alors en mémoire. Tâchons de le suivre au moins de loin, si nous ne pouvons faire aussi bien que lui. »

CHAPITRE IX.

VOTRE ÉGLISE ET VOTRE CURÉ.

Il est dans chaque paroisse un édifice qui domine ordinairement tous les autres édifices, c'est l'église... Que j'aime, en parcourant la France, à voir ces clochers et ces flèches qui percent à travers les maisons et les arbres ! et dire que nul village n'en est privé ; partout il y a un asile où chacun peut trouver repos, consolation, joies du cœur, utiles enseignements, et surtout le premier des biens, l'espérance ; vénérons et aimons ce monument, toujours si vénérable et parefois si beau; savez-vous qu'il y a souvent plus de véritable architecture dans une église de campagne que dans les plus superbes édifices que l'on bâtit aujourd'hui dans les villes; puis c'est l'œuvre de nos pères, ce sont leurs mains catholiques qui ont élevé ces vieux murs, poli ces colonnettes, sculpté avec amour ces pierres où leur foi est gravée en caractères ineffaçables. C'est là que de génération en génération, ils sont venus s'agenouiller, prier, s'instruire, chercher le courage d'endurer les peines de la vie. Ces murs et ces colonnes ont entendu leurs chants et leurs soupirs peut-être. Ces vieux pavés ont reçu leurs larmes. C'est là que nous-mêmes avons été baptisés, que nous avons fait notre première communion, que nous avons été bénis dans toutes les grandes circonstances de notre vie. C'est là que l'on apportera un jour notre corps avant de le rendre à la terre d'où il est sorti. C'est dans le cimetière voisin que reposent les ossements de nos aïeux en attendant la dernière résurrection. Oh! notre église, c'est tout pour nous, c'est le monument de tous, c'est le plus respectable édifice de la paroisse, c'est le chemin du ciel, c'est la patrie d'en haut, et la patrie de la terre avec la mairie et l'école, pour nous, c'est la France.

Il faut donc l'entourer d'une fidèle affection, l'entretenir avec soin, la restaurer, l'embellir sans cesse, en être fier, c'est bien permis; il serait désolant que ce ne fût qu'une espèce de ruine. Comment habiter une maison passable, quand Dieu est logé dans une espèce de masure? Il a bien quelque droit, je pense, à être au moins aussi bien logé qu'un honnête bourgeois. C'est une honte pour les habitants d'une commune de laisser leur église dans un état de désolante ruine. Que voulez-vous que pense l'étranger qui passe et qui la visite? Il se dit : A coup sûr, voilà une bien triste population.

Il est vrai, pour s'excuser de cet abandon de la maison de Dieu, on dit : Notre paroisse est pauvre, elle a peu de revenus et tant de charges; il faut entretenir les chemins, etc. Raccommodez les chemins, je ne m'y oppose pas, mais en donnant vos soins au chemin qui mène à vos champs, n'oubliez pas le chemin qui mène au ciel, faites au moins deux parts. Ce n'est pas trop demander. Une commune faisait une pétition pour demander un secours pour restaurer son église, elle était si pauvre, si pauvre, disait-elle, qu'il ne lui restait rien, attendu qu'elle avait dépensé *quatre mille francs pour les chemins.* Plaignez donc une commune qui a quatre mille francs à mettre à l'entretien de ses routes. Il est certains conseillers municipaux et même, je le dis tout bas, certains marguilliers qui semblent s'être donné la mission de retenir l'argent dans la caisse; quand il s'agit de l'église, ils ont l'air de se dire : C'est de l'argent perdu. Une église, ça coûte gros, et qu'est-ce que ça rapporte, pas grand'chose, rien. Que si, que si, l'église rapporte quelque chose : des consolations pour ceux qui souffrent, et le nombre en est grand; elle rapporte des enfants dociles et obéissants, ce qui n'est pas à dédaigner; elle rapporte des jeunes filles vertueuses et modestes qui font la joie de leur mère au lieu de faire sa désolation et sa honte, bon produit par le temps qui court; elle rapporte des fils rangés et laborieux qui respectent et assistent leur père au lieu de l'abreuver d'amertume et de le ruiner, denrée assez rare de nos jours, et qui n'est pas du tout à mépriser; elle nous rapporte d'être des hommes sociables et non des espèces de sauvages qui ne se voient que quand le hasard s'en mêle.

Enfin, si l'argent manque, on se partage le fardeau, comme nous l'avons dit ailleurs : les hommes prennent le chœur, la chapelle de la sainte Vierge revient naturellement aux femmes et aux jeunes filles, les fonts baptismaux aux petits enfants. Les hommes dépensent un peu moins inutilement, font moins de stations en certains endroits où ils en font trop; les femmes achètent moins de colifichets; les enfants tournent moins à la poupée, et la maison de Dieu est restaurée, embellie, superbement ornée, comme il convient à la majesté de celui qui y réside. Une femme vient dans l'église avec une brillante toilette, et pendant ce temps-là l'ornement du saint sacrifice a l'air de jouer le rôle d'une guenille. Honte et absence de foi! Il faut que votre église soit toujours la mieux décorée du pays; on achète une belle chasuble, un dais ailleurs, pourquoi n'en auriez-vous pas autant?

S'il s'agit d'une grande réparation, d'une reconstruction, tout le monde met la main à l'œuvre; c'est une vraie fourmilière de travailleurs. Monsieur le curé est à la tête, on creuse les fondations, on maçonne, on charpente, chacun donne son chêne; puis, c'est de la pierre, de la terre, de la chaux, des charrois. Et voilà comme nos grandes églises de France ont été bâties. Ce fut l'œuvre de tout le monde. Alors on peut dire en toute vérité : *Notre église.*

Du reste, je suis heureux de le dire, il y a par toute la France un grand zèle pour l'entretien et l'embellissement des églises; on restaure, on rebâtit, on orne, on place des cloches, des orgues. Il faut en faire autant.

On s'ingénie de toutes les façons pour se procurer des fonds, afin de ne pas laisser tomber en ruine des maisons que nos pères ont élevées à Dieu sur la terre.

Il y a quelques années, dans les montagnes de l'Auvergne, on rebâtissait une église ; les pauvres habitants de l'endroit s'étaient imposés ; ils avaient travaillé, fait tous les sacrifices, et l'édifice n'était pas achevé. C'était une grande désolation ; mais là se trouvait une femme dévouée, comme il s'en trouve tant ailleurs, brave vieille fille ; elle s'arme d'un courage héroïque et prend la résolution, elle qui n'était jamais sortie de ses montagnes, de venir à Paris solliciter, pour sa chère église, la charité de l'Empereur et de l'Impératrice.

La voilà donc partie pour Paris, avec le costume de son pays : jupon court et coiffure plus solide qu'élégante. Elle fit presque toute la route à pied, et une route de cent cinquante lieues c'est bien long. Enfin elle arrive et s'en va tout droit aux Tuileries. Sans façon, elle enfile la grille ; mais la sentinelle l'arrête et lui adresse cette question :

— Où allez-vous, ma bonne mère ?

— Je vais parler à l'Empereur ou à l'Impératrice, n'importe lequel.

— Ils ne sont pas ici.

— Où sont-ils donc ?

— A Saint-Cloud.

— Où est-ce cela, Saint-Cloud? Y a-t-il loin?

— Deux lieues.

— Par où y va-t-on?

— Suivez la Seine. A la barrière vous dedemanderez.

La voilà encore partie pour Saint-Cloud. Elle entre avec le même sans façon; mais une voix l'arrête et lui crie:

— Eh! la petite mère, où allez-vous donc?

— Je vais parler à l'Empereur.

— Ah! vous allez parler à l'Empereur! J'en suis bien fâché; vous ne le pouvez pas. Votre robe est trop courte.

La brave femme prend la plaisanterie au sérieux, se retire et s'en va dans un fourré du bois de Saint-Cloud. Là, elle passe trois ou quatre heures à défaire le rempli de sa robe, puis revient avec un air de satisfaction. Elle aborde la sentinelle et lui demande si sa robe n'est pas assez longue pour parler à l'Empereur. Le soldat ne paraissait y rien comprendre. Ce n'était plus le même. La pauvre femme s'en aperçoit, et elle a beau dire que son camarade lui avait bien promis qu'elle serait admise auprès de l'Empereur si sa robe était plus longue; que certainement elle était allongée d'au moins deux pouces. Il fallut renoncer à voir l'Empereur ; mais hâtons-nous de dire qu'elle ne perdit ni ses penies, ni ses pas, ni ses frais de toilette : son église reçut un large témoignage de la munificence de Leurs Majestés.

Mais souvenez-vous que le plus bel ornement d'une église c'est vous-mêmes; malgré tout ce que j'ai dit et ce que je dirai encore de vos malices, c'est une grande foule, ce sont des bancs remplis, des oreilles attentives, des voix d'hommes, de femmes, de petits enfants mêlés à la voix du pasteur. Voilà ce qui ravit le cœur de Dieu, ce qui enchante l'œil de l'homme, ce qui le rend meilleur en lui faisant aimer davantage Dieu et l'humanité.

Dans chaque église, il y a un curé, c'est-à-dire, un bienveillant intermédiaire entre Dieu et les hommes, il offre le saint sacrifice, il instruit et forme les petits enfants; il prie pour ceux qui ne prient pas, il fait du bien à ceux qui souffrent, voilà sa mission. Le prêtre est l'homme de tout le monde, et il faut avouer que tout le monde use de ce bénéfice. On est parfois si exigeant à son égard ! C'est une si belle institution que celle qui place dans chaque village de France, un homme intelligent, dévoué, libre de tout lien de famille pour y combattre le mal sous ses différentes formes. Et il faut savoir gré à celui qui accepte cette difficile mission. Disons-le, en France on en tient compte au prêtre ; il est vrai, on le taquine un peu, on lui cherche misère parfois ; mais, au fond, quand on est bien soi-même, on sait apprécier ses services et lui donner la confiance qu'il mérite. Une grande peine vient vous frapper, on va la confier à M. le curé ; une grande misère arrive à quelqu'un, on court en informer M. le curé ; on veut demander à Dieu une grâce extraordinaire, on va trouver M. le curé. Il est juste de dire que le clergé français est digne de cette confiance. Savez-vous que notre clergé est regardé comme le premier clergé du monde, et ce qu'il fait aujourd'hui est admirable ; si un prêtre a un tort, on en parle, mais on dit peu de chose du bien que font tant de milliers d'autres prêtres ; du reste, on y est tellement accoutumé, qu'on n'y fait guère attention. tant les belles actions sont naturelles chez le clergé. Toutefois, ce serait bonne justice d'en mettre au moins quelques-unes dans la balance. Le clergé fait partie de la France, et son mérite est une part du patrimoine de gloire nationale. Citons donc quelques-uns de ces beaux traits, ils feront mieux connaître le clergé. Ce sera de plus un acte de justice :

« Le desservant d'une paroisse ravagée par une dyssenterie (Notre-Dame-des-Landes) se rend chez une pauvre famille. Le père, la mère, six enfants gisent sur des lits pleins d'ordure, en proie à d'horribles souffrances; une odeur infecte s'exhale de cette maison : le bon pasteur, pouvant à peine respirer, exhorte, encourage, rend un peu d'espérance, saisit un balai, nettoie tout, met tout en ordre; puis court à un kilomètre, chez une respectable famille : « Marie,
» dit-il, à l'aînée des filles, j'ai besoin de
» vous, il faut que vous acheviez l'œuvre
» que j'ai commencée; les T... sont bien
» malades, il faut que vous les soi-
» gniez. » La jeune fille semble hésiter, rougit, baisse les yeux, garde un instant le silence, relève la tête et répond : « J'y vais,
» monsieur le curé. — Bien, ma fille;
» j'allais t'en donner l'ordre, dit la mère.
» Ta sœur se rendra chez les Z..., qui ont
» la dyssenterie et personne pour les soi-
» gner. »

Quelle simplicité dans le dévouement de la mère et de ces deux jeunes filles! La Providence les a protégées; malgré toutes leurs fatigues, elles n'ont point été malades.

Que manque-t-il pour que tous en fassent autant? il manque une aussi terrible maladie, et je ne me plains pas qu'elle manque ; mais qu'elle vienne, et vous verrez ce que sait faire votre curé. — Quant aux pauvres, c'est sa famille ; malheureusement ses revenus ne lui permettent pas toujours de les secourir comme il le voudrait : quand il le peut, sa charité est si bonne !

« Il y a dans Paris un curé qui, de patrimoine, possède une maison considérable au milieu d'un quartier malaisé. Le curé est allé prendre ailleurs une très-humble habitation. Et de sa maison, qu'en a-t-il fait ? On l'a, du haut en bas, disposée, par son ordre, en petits logements qu'il loue *gratis* à de pauvres ménages d'ouvriers, à la charge pourtant, par les preneurs, qu'ils garniront les lieux de vertus modestes conformes à leur état. Il met au premier rang la propreté, en quoi sans doute il a grande raison.

» De temps en temps, le bon curé va s'assurer par lui-même que chaque locataire remplit exactement les conditions du bail, que les petites chambres sont bien tenues, que les journées sont laborieuses, et qu'une vie exemplaire se partage entre un travail assidu, des devoirs pieux et des affections de bon père et de bon mari. Alors que de joie pour le propriétaire ! Il appelle cela *toucher ses revenus*, et rentre heureux et riche dans son petit réduit. Il fait plus : une blessure, une maladie, un accident arrivent-ils à quelques-uns de ses hôtes, il leur vient en aide, *à titre de réparations locatives.* Que voulez-vous, il aime qu'on se plaise chez lui, et dans cette vue il n'épargne pas les frais. Il vit de si peu! »

Avec tout cela, s'il survient une calamité, vous verrez qu'il se trouvera des gens pour la mettre sur la conscience des prêtres. Arrive le choléra, ce sont les prêtres. Le blé est cher, ce sont eux qui veulent affamer le peuple. Il y aurait vraiment de quoi décourager des cœurs moins dévoués, mais ils laissent dire, et ils aiment mieux travailler à réparer le mal. Dans le temps de la cherté, un bon curé de campagne écrivait à un marchand d'orfévrerie de Paris la lettre suivante; elle révèle un cœur rempli de foi et de charité, qui sait s'exécuter gaiement. Cette lettre devait rester secrète, mais le commerçant en a été si touché qu'il n'a pu résister au désir de la communiquer à d'autres :

« Monsieur,

» Les jours les plus pénibles pour les malheureux ne sont pas encore passés : les ressources s'épuisent et la misère augmente. Pour moi, je ne puis plus subvenir aux besoins de mes indigents qu'en vendant mon argenterie. J'ai la ferme confiance que ma soupe sera meilleure dans ma cuillère d'étain, si mes cuillères d'argent peuvent procurer quelques pains de plus à ceux qui ont faim.

» Je profite de l'absence de ma vieille domestique, qui jetterait les hauts cris si elle voyait sa cuisine dépouillée de ses richesses. Ces coups doivent se faire à la sourdine. Je compte donc sur votre discrétion, en vous priant d'acheter cette argenterie au prix que vous fixerez dans votre exquise délicatesse. Je joins deux salières, et, de plus, deux montres, trottant un peu mieux que le soleil, qui me semble un peu en retard cette année. L'une de ces montres est anglaise, c'est tout dire; l'autre est à répétition, et elle est française.

» J'avoue que je n'ai jamais pu les mettre d'accord; mais faut-il s'étonner qu'il n'y ait point d'entente entre deux machines combinées par le génie de deux nations rivales? Au reste, ce désaccord, par esprit de nationalité, prouve la régularité de leurs mouvements. Vous les achèterez donc et les revendrez comme excellentes; puis quand ce petit bagage sera, par vos soins, converti en pièces de 5 francs, vous remettrez sans bruit la somme au digne [illegible] qui vous présente cet envoi ; alors nous aurons fait une bonne action à deux, et vous aurez votre part auprès de Celui qui ne laisse pas sans récompense un verre d'eau froide donné de bon cœur.

» Je vous témoigne à l'avance ma reconnaissance pour le service que vous allez rendre à mes pauvres et à moi. Je prends la liberté de vous recommander de nouveau une silencieuse discrétion touchant cette affaire commerciale ; si la police le savait elle me forcerait de prendre une patente de marchand de bric-à-brac.

» J'ai l'honneur d'être, etc. »

Malgré tout cela et tant de dévouements, on est sévère, on est dur même pour les prêtres ; il faut que je vous le dise. Savez-vous que vous faites parfois cruellement souffrir votre curé. Vous êtes assez large de conscience pour vous, vous vous permettez un peu de tout, à lui vous ne permettez rien ; on épie ses démarches, ses paroles. Encore ne sait-il comment s'y prendre ; il reste chez lui et ne reçoit personne, pas même des confrères, on dit : Notre curé est une espèce de sauvage, il thésaurise ; il reçoit quelquefois, on dit : Oh ! ces messieurs se traitent bien, pendant que nous avons tant de mal. Lorsque vous travaillez aux champs, il est bien heureux si ses oreilles ne sont pas frappées de paroles inconvenantes; toutefois on s'en dédommage quand il est éloigné, en disant : Est-il heureux, bien nourri, et rien à faire, en voilà un paresseux; et lui s'en va en répétant son bréviaire et en priant pour vous. Sans parler de tous les petits désagréments que lui font endurer certains docteurs, certaines fortes têtes du village, il suffit que M. le curé veuille faire d'une façon pour qu'ils adoptent une autre manière d'agir; il sait tout cela, allez, ça ne l'empêche pas de vous aimer, de vous faire du bien, de prier pour vous. Ça ne l'empêchera pas d'accourir auprès de votre lit de douleur. Pourquoi donc le faire souffrir? c'est faire acte de mauvais cœur; sans doute il ne compte pas sur les récompenses humaines, mais un peu de reconnaissance est toujours une belle chose et un devoir. Cela fait tant de bien de rencontrer la reconnaissance sur son chemin, et l'âme est si profondément blessée par l'ingratitude. Laissez donc tous ces malentendus, sacrifiez une partie de vos vues, de vos idées, et même de votre amour-propre, et entendez-vous avec votre curé pour faire du bien à votre chère paroisse, pour en faire à l'église, aux pauvres, aux affligés, aux petits enfants, et que l'on dise de vous : Le bon peuple! le bon curé! la bonne paroisse!

CHAPITRE X

LA PROBITÉ. — DEVOIRS DES BONS TÉMOINS.

Aujourd'hui on fait sonner bien haut le mot de probité. On a soin de dire et de redire qu'on est honnête homme, on s'en fait même un prétexte pour ne pas pratiquer sa religion : *il suffit d'être honnête homme.* Prenons garde, la chose est délicate, un homme vraiment probe ne songe même pas à le dire. Est-ce donc un si grand mérite de n'être pas un voleur pour en tant parler ; parlons moins de notre probité, et tâchons de ne jamais la violer.

Sans doute, on ne se fait pas toujours voleur franc et déterminé ; on n'oserait se l'avouer à soi-même ; mais l'habitant des campagnes ne manque ni de petites ruses ni de petits moyens pour s'approprier le bien d'autrui ; le champ du voisin surtout, s'il pouvait seulement l'écorner d'un petit côté ; il tourne autour, il l'examine, il touche la borne pour voir si elle est solide. Que faites-vous là, mon cher, et voudriez-vous bien me dire quelle différence il y a entre vous et l'homme qui, la nuit, ébranle une porte, examine la manière d'escalader commodément une fenêtre? Et puis la belle affaire ; vous prendrez longtemps de la terre du voisin avant d'en avoir pour 1 franc de rente, ce qui ne vous empêchera pas de risquer votre âme.

Et dans les ventes, les achats, les marchés, comme on dupe son prochain ! Non-seulement on ne se le reproche pas, on s'en fait une sorte de gloire ; on est volontiers de l'avis d'un vieux marchand de chevaux qui, voyant un brave homme conduire à l'écarrissage un mauvais cheval, s'écriait : *Maladroit, il fallait me retaper c'te bête-là, tu pouvais en faire* 150 *francs et attraper facilement ton homme.*

On est métayer, c'est-à-dire on tient une propriété à moitié. On se dit : J'ai bien du mal, le propriétaire est riche. Cela de plus ou de moins, c'est peu ; puis on prend un peu de blé par-ci, un peu d'avoine par-là, et naturellement on vient encore rechercher sa part de ce qui reste, et on a le courage de dormir tranquille. Si un autre agissait de cette façon à notre égard, il serait traité carrément de voleur ; avouons qu'il l'aurait bien mérité.

Parlerai-je encore de ces grossières ruses qu'on emploie pour s'emparer du bien d'autrui, qui ne peuvent être admises par personne, pas même par celui qui s'en sert. On donne un coup de pouce à la balance, on met de bon blé sur le sac et au fond, le milieu est rempli de blé de qualité inférieure ; le beurre est falsifié, le vin mélangé d'eau, sans parler du lait, etc. Avec tout cela que devient la probité, où est l'honnête homme ? je le cherche et je ne le trouve pas.

Plus d'une fois on s'est écrié : Oh ! si je trouvais donc une bourse, une valise. Les autres trouvent quelque chose ; moi, je ne trouve jamais rien. A quoi bon trouver, c'est un embarras, car apparemment vous ne pourriez le garder ; il faudrait faire des démarches pour découvrir le propriétaire. Je ne sais s'il n'y a pas un mauvais sentiment de caché dans ce désir. Prenez garde, à lui tout seul il peut vous flétrir du nom de malhonnête homme, car l'homme probe se hâte de rendre, et, grâce à Dieu, notre pays est fertile aujourd'hui en ce genre de belles actions.

« Un journalier sans ouvrage, le nommé Leclère, qui n'avait dans sa poche que 20 centimes, trouve un portefeuille contenant 10,000 fr. Il se hâte d'acheter avec les 20 centimes qui lui appartiennent un morceau de pain qui l'empêche de mourir de faim, et court rendre les 10,000 fr. au sieur T..., économe d'un établissement rue des Postes, qui les avait perdus. La probité de Leclère a été généreusement récompensée, et ce brave homme a sur-le-champ trouvé de l'ouvrage. »

« Un jeune ouvrier sortant du théâtre du Cirque, ramassa sur son chemin un porte-monnaie contenant une assez forte somme en or. Au lieu de porter sa trouvaille chez le commissaire de police de son quartier, il la dissipa en parties de plaisir, et ne s'arrêta que lorsque tout fut épuisé.

» Cependant, le jeune homme ne tarda pas à éprouver des remords, en songeant que la somme qu'il avait si follement dépensée eût pu être employée utilement par la personne qui l'avait perdue, et que peut-être cette personne se trouvait dans un grand embarras. Aussitôt il prit la résolution de travailler courageusement et de vivre de privations jusqu'à ce qu'il eût réparé le mal en gagnant l'argent dissipé.

» Cette résolution, le jeune ouvrier a eu la fermeté de l'accomplir. Il a remis dans le porte-monnaie le nombre exact de pièces d'or qu'il en avait retirées, et il a laissé ce porte-monnaie entre les mains du curé de la paroisse de Saint-Joseph, qui s'est empressé de le déposer à la préfecture de police.

» Courageux exemple, et qui répare noblement la faute. Se relever ainsi, c'est se grandir. »

Mais voici qui est encore plus beau, et qui révèle le grand sentiment de probité qui est au fond de toute âme française :

« C'était à la retraite de Moscou. Au moment où l'armée était forcée d'abandonner ses fourgons et voitures, le général, alors colonel du 18e, arrive au bivac, fait ouvrir les caissons du régiment et fait compter la caisse militaire : « Elle renfermait 120,000 fr. en » or, dit-il. J'en fis plusieurs parts. Chacun » des officiers, sous-officiers et soldats, re- » çut une petite somme, en promettant de » ne pas abandonner ce dépôt confié à son » honneur, et de le remettre à un camarade » s'il venait à succomber. Grâce aux soins » du capitaine Berchet, payeur du 18e, » grâce à l'honnêteté de mes braves cama- » rades, les 120,000 fr. furent remis en » caisse après la campagne. » Chaque mourant (et ils furent nombreux, le régiment fut presque détruit et réduit à une cinquantaine d'hommes) avait pensé à remettre le dépôt » au camarade qui survivait. »

Il est malheureusement un sentiment qui tend à se glisser dans les âmes, c'est que la probité n'est pas chose si sacrée qu'on le dit, que le vol exercé en grand est chose tant soit peu de mode, qu'il y a dans les villes, par exemple, bien des hommes qui sont devenus riches par des moyens auxquels la conscience pourrait bien trouver à redire. Croyez-moi, ne vous y fiez pas. Le juge vous guette, et le glaive de la loi touche déjà le coin de votre épaule ; de plus, toujours l'œil de Dieu est ouvert sur vous. Enfin, il n'y a pas tant de gens qu'on le pense qui ont donné un coup de couteau dans la probité. On peut devenir riche et rester parfaitement honnête, comme on peut dépenser son bien en faisant plus d'une bassesse. Du reste, la probité ne dépend de personne, ni des exemples ni des paroles de qui que ce soit. La probité, une main pure, c'est un cœur qui ne veut posséder que ce qui est à elle, et qui dit toujours : L'honneur avant tout.

Il ne sera pas inutile d'ajouter à ce chapitre un mot sur la manière de remplir un devoir grave dans la vie, c'est-à-dire l'office de témoin, quand l'occasion s'en présente.

Rendre témoignage, savez-vous que c'est chose très-sérieuse. D'abord, il y a le serment : le serment prêté devant Dieu, de dire toute la vérité, rien que la vérité, la vérité dût-elle nuire à votre ami, à votre père, à vous-même. On voit des personnes qui sont embarrassées et qui ont l'air de se demander : « Mais, que dirai-je? Je ne sais pas ce que je dirai. » Ce que vous savez, donc.

Voilà tout. D'autres se font faire leur témoignage et apprennent leur leçon comme un enfant du catéchisme. Je ne parle pas de ceux qui font de leur témoignage métier et marchandise : ce sont des scélérats. Il ne faut pas mériter le reproche que l'on faisait à certains Normands. On leur demandait : « —Que faites-vous? Quel est votre état?» — « *Je témoignons,* » répondaient-ils.

Il est une chose que l'on oublie, c'est que l'on est responsable de tout le tort causé par un faux témoignage ou par un témoignage incomplet : on doit tout réparer de sa bourse. De plus, il y a des peines portées par la loi : il y a de la prison. Un faux témoin est vite découvert. Vous êtes malin, mais, croyez-le, un juge est encore plus malin que vous, et sait si bien tourner et retourner son homme, qu'il finit par voir, ne fût-ce que dans ses yeux, qu'il ne dit pas la vérité. Il vous fait une question qui n'a l'air de signifier rien du tout ; puis, il parle d'autre chose, et, tout à coup, il vous met en contradiction. Puis, voilà de la honte, si ce n'est un châtiment, et pour tous vous n'avez plus qu'un nom : faux témoin.

Un jour, un bon vieillard était cité devant un tribunal ; comme il s'agissait de déposer contre un homme riche et redouté, la peur le fit dévier au commencement. Il ne disait pas la vérité. Mais bientôt il se trouble, il balbutie; puis, tombant à genoux devant le Crucifix et devant les juges, il s'écrie : « Pardon, mon bon Dieu ; j'ai dit un faux témoignage. » Quelques auditeurs voulurent rire de sa loyauté ; le président leur imposa silence d'un regard sévère et ajouta : « Il y a ici des gens qui rient et qui ne seraient pas capables d'en faire autant. C'est bien, mon brave homme, je m'étais aperçu que vous ne disiez pas la vérité ; mais, soyez tranquille, vous ne serez pas inquiété. Vous êtes un honnête homme. » C'était, en effet, se très-bien racheter pendant qu'il en était encore temps.

CHAPITRE XI.

ÉCONOMIE. — CABARETS.

Sur ce point on tombe souvent, à la campagne, dans l'une ou l'autre extrémité. L'un est trop économe, ce qui veut dire simplement avare; l'autre dépense le revenu, le capital, et au delà... Oh! c'est à la campagne qu'on voit la passion de l'argent, on y adore la matière, la pièce de monnaie, on y adorerait le centime; demandez un sou à tel homme, vous lui faites mal, il aimera même mieux vous donner un morceau de pain qui en vaut quatre, tant il tient aux espèces. Aussi il faut le voir; il se prive, il travaille, il prive les siens. Il trouve toujours qu'on dépense trop; il faut voir les économies qu'il réalise, il fera deux lieues pour aller chercher pour deux sous de clous, parce qu'il en aura à la ville une demi-douzaine de plus; sa femme met du bois dans le feu d'un côté, il l'en retire de l'autre. L'avarice le rend cruel et lui fait même perdre toute pudeur. Les feuilles publiques citaient dernièrement ce trait :

« Un homme avare comme un vieux garçon qu'il était, perdit sa sœur qui lui laissait une belle succession; mais ce n'était pas assez, l'enterrement de la défunte allait lui coûter de l'argent, et il voulait réaliser une économie. Or, il avait chez lui quelques vieilles planches pourries, il trouva que c'était bien assez bon pour lui faire une dernière demeure; ce fut donc son cercueil; mais voilà qu'au milieu du chemin le cercueil se brise, le malheureux cadavre roule dans la boue, et l'homme n'en est pas le moins du monde ému, il n'en voulait pas fournir un autre ; il a fallu que la police correctionnelle lui infligeât de la prison, et, chose plus redoutable pour lui, une amende, afin de le rappeler à la décence, à un sentiment d'humanité. »

Quand je parle de la nécessité de l'économie, bien entendu que je ne parle pas de cette misérable passion qui rend l'homme si haïssable ; mais, je veux parler de la nécessité de ne pas faire de dépenses inutiles, de songer un peu à l'avenir, de ne rien gaspiller et de prendre soin des petites choses. A la campagne, ce n'est que par là que l'on conserve son petit avoir et que l'on peut l'augmenter.

Un cultivateur allait un jour à travers la campagne avec son petit garçon, qui s'appelait Thomas.

« Tiens, dit le père, en traversant un de ses champs, voici par terre le fer d'un cheval, ramasse-le.

— Oh ! répondit Thomas, ce n'est pas la peine de se baisser pour cela.

Le père prit sans rien dire le fer, et le mit dans sa poche. Au premier village qu'il rencontra, il vendit le fer à un maréchal pour quelques sous, et acheta avec l'argent des cerises.

Notre homme continua sa route avec son

fils. Le soleil était très-chaud ; il n'y avait à deux lieues à la ronde ni maison, ni arbre, ni fontaine. Thomas se mourait de soif et ne pouvait suivre son père.

Alors celui-ci laissa tomber une cerise comme par mégarde. Thomas la ramassa comme si c'était de l'or, et la porta sur-le-champ à sa bouche. Quelques pas après, le père laissa tomber encore une cerise. Thomas se baissa encore avec le même empressement ; et petit à petit le père laissa tomber toutes les cerises.

Lorsque la provision fut épuisée, et que Thomas eut mangé la dernière cerise, son père se retourna en riant et lui dit :

« Vois-tu, Thomas, si tu t'étais baissé une fois pour ramasser le fer, tu n'aurais pas été obligé de te baisser cent fois pour ramasser les cerises. »

Il y a deux choses surtout qui appauvrissent nos campagnes, qui mettent les corps dans la gêne et jettent les âmes sur le chemin du vice : le luxe et le cabaret ; voilà une affreuse source de ruine. Autrefois la simplicité dans la toilette régnait au village, on portait la veste et la jupe de son père et de sa mère, même de son aïeul. Aujourd'hui nous sommes bien loin de là ; un des grands désirs de l'habitant des campagnes, c'est de se déguiser en bourgeois et en bourgeoises autant que possible, et comme à la ville la mode change, il faut changer aussi à la campagne; de là des dépenses inutiles, folles; de là des dettes chez les fournisseurs, des emprunts, la gêne, si ce n'est la ruine.

Mais que dire du cabaret ? Voilà la plaie, la peste, le choléra de nos campagnes; que voulez-vous faire d'un homme qui fréquente le cabaret ? Il n'a pas toute sa raison la moitié du temps; l'autre moitié, il est tyrannisé par la passion de boire qui l'entraîne sans cesse vers ces lieux de perdition. La chose est si grave que la jeune fille qui va se marier devrait se dire : Le jeune homme va-t-il quelquefois au cabaret, est-il à craindre qu'il n'y aille plus tard? Oui! Eh bien, jamais il ne sera mon mari ; pour mon mari je veux un être libre et qui s'appartienne; je veux un être bon qui m'aide à nourrir et à instruire mes enfants; celui-ci ne sera jamais tout cela, il me rendra malheureuse et je ne devrai m'en prendre qu'à moi-même.

On dira : C'est vrai, mais l'habitude est contractée, que faire pour se corriger? c'est impossible. Non. La preuve, c'est que cela s'est vu chez des hommes même qui avaient coutume de s'enivrer et qui se sont corrigés. Pour cela, il faut de la volonté et un peu de cœur, et c'est assez. — Encore un trait...

« C'était un peintre en bâtiments, un bon ouvrier, pourtant, qui, marié à une femme courageuse et active, pouvait, avec le produit de ses journées, entretenir l'aisance dans son ménage en même temps que se préparer des ressources pour l'avenir. Par malheur, notre homme fréquentait le cabaret ; et adieu le bien-être, adieu la sécurité, récompense du travail et de la conduite régulière ! Après une semaine, après une quinzaine de labeurs assidus, il se laissait entraîner, et c'étaient huit jours de paresse, de fureurs, de désordres. Puis, l'ivresse passée, venaient l'impatience du trésor et de la honte, la conscience de son abaissement, de sa lâcheté, du scandale qu'il avait donné ; huit jours encore passés dans le découragement, dans l'abattement d'un repentir sincère, mais stérile. Telle fut la vie du malheureux pendant douze ans, et je vous laisse à penser quelle devait être auprès de lui celle de sa femme et de son enfant ; car cette détestable passion de l'ivresse n'a pas seulement pour résultat inévitable la dégradation et le malheur de ceux qui s'y livrent, elle fait le tourment de leur famille, victime de l'égoïsme de son chef, qui sacrifie tout à son vice, et trop souvent encore aggrave par ses brutalités les misères dont il est cause.

» Il y a un peu plus d'un an, la femme du

peintre recueillit une pauvre sœur à elle, restée veuve, sans ressources aucune, et qui se mourait de la poitrine avec la pensée douloureuse qu'elle laisserait orpheline une petite fille de onze ans. Elle n'osait dire à sa sœur : « Prends ma fille, et sers-lui de mère quand je n'y serai plus. » C'était imposer à sa sœur une charge nouvelle, et peut-être exposer l'enfant aux emportements du mari, alors qu'il rentrerait, la tête exaltée par le vin ou l'humeur aigrie, après avoir dissipé en libations coupables le pain de toute une semaine. Mais les prières de l'infortunée, unies à ses souffrances, devaient attirer les bénédictions de Dieu sur cette famille où, dans sa détresse, elle avait trouvé une hospitalité cordiale de la part de son beau-frère lui-même.

» Oui, malgré ses égarements, il y avait du bon chez cet homme, il se montra compatissant pour la malade, et il accueillit avec bienveillance et respect le saint prêtre qui venait apporter à la mourante les consolations de la religion. Un jour même que la pauvre mère serrait sa fille dans ses bras et semblait lui dire, en la couvrant de baisers et de larmes, un adieu plein d'anxiété, l'ouvrier lui prit la main et, d'une voix attendrie, il lui dit : « Louise, ne vous chagrinez pas pour l'avenir de la petite ; ma femme et moi nous en prendrons soin, nous l'adoptons par avance, et, tenez, je vous le jure ici, je renonce pour jamais à la boisson; l'argent que je perdais à m'enivrer suffira, et au delà, pour nourrir l'enfant. — Merci, frère, dit la mourante, merci pour cette bonne parole qui, je le vois à vos regards, est sérieuse. A présent, je mourrai tranquille : que Dieu vous bénisse et vous récompense! ma dernière prière sera pour vous. »

» Quelques jours après, le lit était vide, l'enfant pleurait après avoir vu le cercueil sortir de la mansarde. Sa tante l'attira sur son cœur en lui disant : « Du courage, chère petite! oh! va, je t'aimerai pour deux, et le père aussi! n'est-ce pas, mon ami! — Oui! oui! répondit celui-ci tout en essuyant de grosses larmes; je l'ai dit, femme, et je ne m'en dédis pas. Au diable la bouteille! Je l'ai juré à la défunte comme au prêtre! »

» En effet, lorsque l'ecclésiastique était venu pour assister la malade, l'ouvrier avait voulu renouveler devant lui, de la manière la plus irrévocable, son serment : « Je vous donne tout pouvoir sur moi, monsieur l'abbé, avait-il dit; si vous apprenez jamais que je suis retombé dans mes anciennes fautes, faites-moi venir et grondez-moi sévèrement. »

» Mais, grâce à Dieu, jusqu'ici il n'a pas été besoin de rappeler au brave ouvrier sa promesse. Depuis plus d'une année, resté inébranlable, il donne l'exemple de la sobriété comme de l'exactitude au travail. Il a rayé définitivement le *Lundi* de ses jours fériés ; en un mot, il est corrigé. Sa femme, aujourd'hui, en se rappelant les jours passés, qui lui semblent un mauvais rêve, goûte doublement son bonheur. Le mari non plus ne se trouve pas à plaindre ; tous les jours au contraire il se félicite, et ne se lasse pas de répéter à sa femme attendrie : « Et moi qui pensais faire un sacrifice en renonçant au cabaret. Aurais-je cru qu'une fois mon parti pris, la chose serait aussi facile et que j'en serais récompensé au centuple? Vrai, un marché d'or! Quel dommage seulement d'avoir à regretter tant d'années perdues! Ah! chère femme, combien faut-il que je t'aime à présent pour te dédommager du passé! Et toi, petite fille, viens que je t'embrasse pour ta pauvre mère qui nous voit, je l'espère, de là-haut. »

CHAPITRE XII.

LE DIMANCHE.

Nous avons souvent, très-souvent, parlé du dimanche; parlons-en encore. Il y a tant à dire sur ce sujet.

Le dimanche est si bon pour les habitants des campagnes, il commande le repos; au lieu d'en jouir, quelques-uns aiment mieux se tuer le corps et se justifier par de misérables raisons.

« Il y a un fort sot dicton qui court les rues, qui a été semé à profusion, et qui a germé avec la facilité qu'on a de reproduire toutes les inepties. Ce dicton, le voici : « On mange tous les jours : donc il faut travailler tous les jours, le dimanche comme les autres. »

» Il y aurait quatre-vingt-dix-neuf bonnes raisons à donner pour prouver que cela n'a pas le sens commun. Mais ce serait un peu long, et mes lecteurs m'ont dit plusieurs fois qu'ils aimaient qu'on fût bref. Je me contenterai donc de trois raisons.

» Ma première raison, c'est que *qui prouve trop ne prouve rien*. Ainsi, s'il fallait ne manger que les jours où l'on travaille, il faudrait supprimer, pour l'ouvrier, non-seulement le repos du dimanche et des fêtes de l'Eglise, mais celui des fêtes publiques, celui des fêtes de famille, des fêtes de corps d'état, en un mot tout ce qui donne un peu de joie et de satisfaction à l'ouvrier. — Toutefois, si l'on supprimait une certaine fête qui s'appelle la *Saint-Lundi*, et qui se célèbre très-dévotement toutes les semaines à la barrière, à la guinguette et au cabaret, j'y souscrirais volontiers, et les femmes de ménage seraient toutes de mon avis. Mais c'est un hors-d'œuvre, et je reviens à mon sujet. — Si donc on ne devait manger que les jours où l'on travaille, l'ouvrier ne serait plus un homme libre, mais un pauvre esclave, attaché à son rabot, à sa scie, à sa machine. — Il n'aurait pas un jour de répit, pas vingt-quatre heures pour se croiser les bras, se détendre les muscles et pour respirer l'air. Car tous les jours on mange..... Serait-ce tenable, mes bons amis? Quant à moi, tant qu'on ne nous aura pas fait des bras et des jambes d'acier, des poitrines solides comme celles d'une locomotive, et une cervelle à l'avenant, je protesterai de toutes mes forces contre cette prétention, au nom de votre bien-être, de votre santé, de celle de vos femmes, de vos mères, de vos enfants.

« *Seconde raison.* S'il n'y a point de rapport absolu entre la paie de *chaque* jour et la nourriture de *chaque* jour, il y en a un fort intime entre l'*ensemble du salaire* et l'*ensemble de la nourriture* de l'ouvrier. Car il faut de toute nécessité que l'ensemble du travail de l'ouvrier le nourrisse, bon an mal an, sans quoi il meurt de faim, ou quitte son métier. Or, si dans toute l'année prise en bloc, l'ouvrier se repose un jour par semaine, force sera bien de répartir entre les autres jours la masse générale des salaires, et alors voici ce qui arrivera. — L'ouvrier travaillera six jours ; mais comme il *faut* qu'il mange *chacun* des sept jours, dans ces six jours il gagnera pour sept. Son estomac n'en pâtira donc pas ; mais ses forces y gagneront ; car le jour du repos retrempera son énergie physique, en même temps que son énergie morale. C'est ce qui arrive en Angleterre, en Amérique, dans ces pays de rudes piocheurs, où on abat de la besogne, je vous le promets, pendant la semaine, mais où on se repose le dimanche. — Si au contraire l'ouvrier travaille sept jours pleins, la loi dure de la concurrence, qui ne pèse sur l'ouvrier que parce qu'elle pèse d'abord sur le maître, baissera d'un septième le prix des salaires, et la faim du travailleur n'en sera pas mieux satisfaite.

» *Ma troisième raison* enfin, c'est que pour bien travailler, il faut se reposer à heures et à jours fixes. Un ouvrier veut-il rester vigoureux, capable de faire de l'ouvrage, il faut qu'il commence par bien ranger sa vie, pour fixer ses heures de lever, de coucher, de repas ; sans cela, s'il travaille par bourrasque (sauf les cas impérieux où la besogne commande), il ne fait pas plus en somme, mais il se fatigue davantage. Il fait comme ces voyageurs inexpérimentés qui, au lieu de marcher d'un pas égal et soutenu, avancent par saccades et peinent bien plus. Or, ce que l'ouvrier doit faire pour chaque jour, il doit aussi le faire pour la semaine ; et, l'expérience le dit ; tout compte fait, à la fin de l'année, il aura fait autant et peut-être plus de besogne en se reposant tous les sept jours qu'en travaillant sans intervalles, car sa santé aura été plus vigoureuse, et ses bras plus nerveux (1).

Rien ne fera mieux comprendre ce que c'est qu'un dimanche bien ou mal-sanctifié, que le récit de la manière dont la chose se passe dans un hameau du midi.

(1) Extrait des *Petites Lectures.*

LE DIMANCHE AU HAMEAU.

Il est, dans nos villages, deux camps opposés : l'église et la chambrée. Il me fut donné, un dimanche, de les étudier l'un et l'autre le même jour. Au lieu de vous redire mes impressions, j'aime mieux essayer de les reproduire en vous, hommes trop souvent inattentifs aux progrès du *bien* et du *mal*, partant au bonheur ou au malheur des populations qui s'agitent, vivent et meurent autour de vous.

Dès le matin, la cloche paroissiale avait convié au pied des saints autels les âmes qui prient, qui sont heureuses de prier. Arrivé dès la veille au village de C..., je me rendis à cet appel. Déjà les pères de famille avaient pris place sur ces bancs vénérés, où s'assirent leurs aïeux. Que de sens, que d'expérience en ces hommes, mûris par les labeurs et par les vertus d'une vie humble, mais utile ! Successivement, quelques-uns de leurs fils, que bénit en passant un sourire paternel, occupèrent les deux côtés du sanctuaire. Où étaient les autres ? Je vous le dirai sous peu.

Leurs femmes, suivies de leurs filles, se rangèrent en silence dans l'unique nef, deminée par l'autel et par la chaire, ces deux foyers de notre civilisation : l'*autel*, où s'immole et réside l'Agneau divin, le Dieu qui sera parmi nous jusqu'à la consommation des siècles; la *chaire*, d'où descend la parole qui éclaire, reprend avec douceur, et console, c'est-à-dire, sert tous les besoins de l'esprit et du cœur.

Un instant après, le bon curé, précédé de petits enfants en aubes blanches, commença le sacrifice. Tous les fronts s'inclinent, tous les genoux fléchissent, et des lèvres émues s'échappe l'encens le plus suave que l'homme puisse offrir à son Dieu, l'accent du repentir, de l'adoration et de l'amour.

La lecture de l'évangile fut suivie d'une simple et touchante homélie. J'avais écouté, à Paris, l'éloquence des Lacordaire, des Deplace, des P. Félix, des Combalot. La parole qui vint ici frapper mon oreille, allait, ce me semble, droit à mon cœur, sans se soumettre à l'orgueil de ma raison.

Oh! que je plains les peuples d'avant la Croix pour n'avoir pas connu cet admirable ministère du sacerdoce chrétien. Le prêtre du polythéisme n'était qu'un égorgeur de victimes. Le prêtre catholique est un conseiller, un maître, un médecin moral, un père.

L'office fini, je sortis au milieu de l'assistance calme et tout occupé de hautes et salutaires pensées, et je m'arrêtai pour observer encore devant une maison voisine, d'où j'entendais sortir des voix moins douces que les chants religieux, que l'écho semblait redire encore. Quelques jeunes gens passèrent près de moi.

— Eh bien ! dit l'un deux, comment avez-vous trouvé, hier au soir, ce vin vieux ? Si nos pères et nos mères gagnaient ainsi en vieillissant, quel plaisir !

Un gros et niais éclat de rire applaudit à ce trait d'esprit.

— Ce qui nous console, c'est qu'il n'est pas difficile de nous jouer de leurs précautions, comme de leurs conseils.

— Et puis, M. le curé nous rend service, reprit un autre, qui voulut sans doute renchérir; il les tient à l'église longtemps, longtemps, nos mères aussi, et... l'on en profite. Quant à nos sœurs, c'est autre chose : que font-elles à l'église ? N'est-on pas jeune pour s'amuser ?

— Et amuser les autres aussi ?...

Celui qui lâcha ce mot insolent s'aperçut que j'écoutais, et sur un signe qu'il fit, ils entrèrent dans une salle basse où retentissait, depuis quelques moments, le choc des verres et des propos gaillards.

Devant moi s'étendait la place du hameau

d'où une longue échappée de vue portait le regard jusqu'à une vaste colline, revêtue de vignes et couronnée d'un magnifique bouquet de chênes. Je pris mon *album* et commençai le croquis de ce charmant pays ; mais ma pensée n'était pas là... Je continuai mon étude de mœurs.

— Eh ! avez-vous fait, à l'église, la prière pour l'Empereur, s'exclama un vieux paysan à la face bourgeonnée à quelques jeunes initiés, qui semblaient faire leur première entrée.

Cette brusque apostrophe souleva un rire homérique, comprimé bientôt par une tirade de rude démocratie. — Applaudissements.

— Et vos sœurs, vos cousines, continua le Démosthène en bonnet de coton, quand donc nous les faites-vous connaître ?

L'un des jeunes gens rougit et fit un geste indigné. Je crus qu'au nom de la nature au moins il allait repousser l'injure. Son courage expira sous les bravos réitérés de la hideuse assistance.

— Vous ne manquerez pas, dit une autre voix qui glapit à mon oreille, d'aller faire la bienvenue à M. le préfet, à M. le sous-préfet, à leurs gandarmes, à toute la séquelle de ces *mangeurs*.

Un hourrah répondit à la question politique.

— Ah ! si j'étais préfet ou ministre, dis-je en moi-même, je dispenserais bien les Chambres de se mettre en frais de respect pour l'autorité. Dans l'intérêt des mœurs, de la religion, de l'ordre social, de tout notre avenir, j'étoufferais ces foyers d'immoralité et de désordre !

— Jouons et buvons ! s'écria avec un juron énergique un autre assistant qui, sans doute, n'était pas plus riche en éloquence qu'un feu duc de réjouissante mémoire.

— Jouons ! buvons ! répétèrent mille cris confus.

— Eh ! as-tu des piastres ?

— Tiens ; et une grosse main s'ouvrit pour laisser voir cinq ou six pièces d'argent.

— Et en as-tu laissé quelques-unes à ta femme et à tes enfants ? dit son voisin, en qui l'abrutissement semblait n'être point encore descendu si bas.

— Ah ! ah ! est-ce que tu es curé, toi?... Ma femme et mes enfants en trouveront s'ils veulent manger. Merci de tes sermons.

— Et Robert, demanda un autre, a-t-il du pain, depuis dix jours qu'il s'est cassé la jambe ?

— Pourquoi se la cassait-il ! Laisse-nous donc boire et jouer tranquilles.

Je m'éloignai le cœur froissé, le front pâle de colère. Un instant, je fus sur le point d'entrer dans la chambrée, et la parole n'eût pas fait défaut à l'horreur dont j'étais pénétré. Mais qu'aurais-je fait à des âmes insensibles à la parole, aux vertus d'un digne pasteur et aux honorables exemples de quelques familles fidèles encore aux bons principes ?

Pour calmer mes sens émus, j'eus besoin, après le dîner, de rentrer à l'église, au moment où l'office du soir allait commencer. Le curé parlait aux jeunes filles, réunies dans une chapelle latérale. Il leur parlait du modèle ineffable de la *femme*, de la Vierge, mère de l'Homme-Dieu; et, sans doute, à son insu, il se rencontra plus d'une fois avec ce coupable écrivain, qui, naguère, voulant offrir le tableau complet de la beauté morale de la femme, n'a pas cru pouvoir faire mieux que de commenter les touchantes invocations connues sous le nom de *Litanies*.

Les jeunes filles écoutaient, le front serein et la bouche souriante, les paternelles exhortations du ministre de Dieu.

Puis, vint le tour des mères qui assistaient à cette réunion.

Les vêpres finies, le bon curé adressa encore, du haut de la chaire, de sages conseils à toute l'assistance. Il parla des devoirs envers Dieu, envers le souverain et ses représentants, envers les chefs de famille, des peines de cette vie, des vertus qui en allégent le poids et des récompenses futures.

Tout était paisible, tout semblait heureux dans cette modeste assemblée, n'eût été l'affliction causée, dans presque toutes les familles, par la maudite *chambrée*.

Espérons que la bonté de Dieu et la sagesse du pouvoir délivreront nos campagnes de ce fléau, pire que l'ouragan et la peste.

FIN.

TABLE DES MATIÈRES

DE LA DEUXIÈME PARTIE.

FIN DE LA TABLE DES MATIÈRES.

Imprimerie de L. TOINON et Cie, à Saint-Germain-en-Laye.

UNE BIBLIOTHÈQUE DE 20 VOLUMES

POUR

LES HABITANTS DES CAMPAGNES

Pour 5 francs.

Celui qui réunira quatre souscriptions aura droit à la cinquième gratis.

Puisque chacun sait lire, il faut que chacun ait sa bibliothèque.

Nous avons choisi les livres de façon à faire de chaque homme, en l'instruisant et l'amusant, un bon travailleur, un bon citoyen et un brave chrétien.

1. **HISTOIRE DE LA GUERRE D'ORIENT**, in-12 .... 1 fr. »
2. **HISTOIRE DE LA GUERRE D'ITALIE**, illustrée, in-4. 1 50
3. **HISTOIRE DE LA RÉVOLUTION**, in-12 .... » 75
4. **HISTOIRE DE NAPOLÉON Ier**, in-12 .... 1 »
5. **LE SAINT-PÈRE ET RO[illegible]** .... » [illegible]
6. **LE LIVRE DES HABITANTS DES CAMPAGNES** .... » [illegible]
7. **LE LIVRE DES CLASSES OUVRIÈRES** .... » 10
8. **LA DOCTRINE CHRÉTIENNE, OU LES PENSÉES D'HUMBERT**, avec un exemple à la fin de chaque chapitre .... 1 »
9. **LE DIMANCHE AU PEUPLE** .... » 15
10. **LA MISÈRE MISE A LA PORTÉE DE TOUT LE MONDE** .... » 10
11. **COMMENT ON TROMPE LE PAUVRE MONDE** .... » 15
12. **CE QU'IL FAUT SAVOIR ET CROIRE** .... » 05
13. **CE QU'IL FAUT FAIRE** .... » 05
14. **LE BLASPHÈME** .... » 10
15. **L'ÉGLISE DE LA PAROISSE** .... » 10
16. **QU'EST-CE QU'UN CURÉ** .... » 10
17. **OBJECTIONS ET PRÉJUGÉS QUI COURENT LES RUES** .... » 10
18. **BONNE MÈRE** .... » 10
19. **BON FILS** .... » 10
20. **CE QUE L'ON RAPPORTE DU CABARET** .... » 10

Imprimerie de L. TOINON et Cie, à Saint-Germain-en-Laye.

www.ingramcontent.com/pod-product-compliance
Ingram Content Group UK Ltd.
Pitfield, Milton Keynes, MK11 3LW, UK
UKHW021057220726
13924UKWH00005B/2134

9 782019 918002